아동복지 현장에서의 아동권리 레토릭

한국아동권리학회 편

이재연 황옥경 안동현 김영지 김효진 이호균 강현아 장영인 정선영 공저

교육과학사

우리나라가 유엔아동권리협약에 비준한 지도 25년이 되어갑니다. 이제 '아동권리'라는 단어도 우리 사회에서 더 이상 낯설지는 않은 것 같습니다. 그동안 아동복지를 실천하는 과정에서 아동의 삶이 권리시각에 기초해서 접근되어야 할 필요성을 자각하였고, 아동권리의 효과를 인식하게 되었으나 아동권리와 관련된 일부의 긴장도 여전히 존재합니다. 또한 현장에서 아동복지의 당사자인 아동들 또한 아동권리를 누리고 체화하기에는 아직 멀기만 한 단어이기도 합니다. 아동권리가 언어적 수사, 즉 레토릭에 불과하다는 비판도 있습니다.

이러한 문제인식과 반성을 가지고 한국아동권리학회는 이 책을 준비하게 되었습니다. 각 아동복지현장에서 어떤 아동권리 측면을 고려해야 할지, 아동권리를 고려하지 못하게 하는 어려움은 무엇인지를 담고자 하였습니다. 또한 아동복지현장에서 그동안 이루어 온 성취가 이제는 아동권리의 관점을 기반으로 하는 보다 성숙한 성취가 될 수 있는 방안이 무엇인지에 대해 논의하였습니다.

본 책은 이재연 교수와 황옥경 교수가 공동집필한 '아동복지에서의 아동권리 발달, 도전, 그리고 진화'라는 장부터 시작합니다. 유엔아동권리협약을 통해 우리나라에 알려지기 시작한 아동권리라는 개념이 현재까지 어떻게 발전하고 변화하였는지 소개하였습니다. 그 다음 장부터는 아동권리 관점이 가장 필요한 현장과 권리의 영역을 하나씩 찾았습니다.

2장 '의사결정과정에서의 아동참여'(안동현 교수, 김영지 박사 집필)는 아동에게 가장 허락되지 않는 권리 영역인 참여에 대해 논의하였고, 3장부터 8장까지는 아동 중에서도 가장 사회적 약자에 속하는 아동의 현장을 찾았습니다. 3장(김효진 박사 집필)은 경제적 불평등 상황에 놓여 있는 아동 권리, 4장(이호균 고문 집필)은 학대의 위험에 처해 있는 아동의 권리와 이를 위한 현장의 역할을 다뤘습니다. 5장(강현아 교수 집필)은 친 가정에서 자라지 못하는 아동, 6장(장영인 교수 집필)은 다문화 아동의 권리의 소외가 얼마나 심각한지, 현장 및 정책 개선의 필요점을 지적하였습니다. 7장(장영인 교수 집필)은 범법행위로 인해 사법체계에 들어온 아동들의 권리를 보호할 방안을 모색하였습니다. 8장(정선영 교수)은 학교 체계에서 벗어난 아동들의 열악한 권리 현실과 그들의 사회적응을 도울 수 있는 방안을 논의하였습니다. 마지막으로 황옥경 교수가 집필한 9장 '아동복지 그리고 다음 세대'에서는 앞서 각 장에서 다룬 현장의 아동권리 현실을 정리하고 앞으로의 과제와 미래에 대한 바람을 제시하여 책을 마무리 지었습니다.

저희 집필자들의 바람은 한결같습니다. 이 책을 통해 아동권리라는 단어는 알지만 아동복지의 각 현장에서 아동권리라는 관점을 어떻게 수용하고 적용해야 할지를 다 함께 고민하고, 아동이 어떻게 하면 아동복지현장에서 실제로 아동권리 보장을 체감할 수 있을지에 대해 조금이나마 통찰을 제시할 수 있었으면 하는 것입니다. 감사합니다.

2015년 11월

집필자 일동

제1장 아동복지에서의 아동권리 발달, 도전, 그리고 진화

우리나라에서 아동권리에 대한 인식은 아동의 삶에 변화가 필요하다는 다양하고도 반복적인 압력에 의해서 발전해 왔다. 이 장에서는 아동복지를 실천하는 과정에서 아동의 삶이 권리시각에 기초해서 접근되어야 할 필요성과 아동권리의 효과를 살펴보며 아동권리를 실천하는 과정에서 아동과 가족, 정책입안가와 실천가 간의 긴장에 대해서 알아보고자 한다. 이를 위하여 유엔아동권리협약의 주요 조항들을 요약 설명하고, 협약에 대한 비판과 그것의 수행과제를 다루었다. 또한 아동권리에 대한 오랜 태도 및 습관이 어떻게 변하는지 보여주면서 변화의 다양한 방식을 소개하게 될 것이다.

제1절 사회변화의 기제, 아동권리

유엔아동권리협약(UNCRC; United Nations Conversion on the Rights of the Child, 이하 협약이라 칭함)은 국가가 아동 정책을 수립하고 실천하는 기준이 된다. 협약을 비준한 지 20여 년이 지나면서 아동 삶의 다양한 영역에서 협약의 내용을 실제로 적용하는 경험이 쌓였다. Alston과 Tobin(2005)은 협약의 내용과 실행력, 그리고 힘은 역동적인 변화를 이끌어 내는 중요한 경로가 된다고 보았다. 그들은 협약이 아동의 삶에 긍정적인 요소로 작용하고 실제로 광범위한 변화를 이끌었다고 주장하였다. 물론 여전히 아동에게 해가 되고 공격적이고 폭력적인 여러 사회문제들이 지속되고 있다고도 인식한다.

이와 같은 상반된 상황은 아동권리 레토릭과 현실 사이의 간극을 염려하는 관련자들에게 반향을 일으켰다. Morehead(1997)는 많은 국가들이 협약을 '체계적'으로 그리고 '모욕적'으로 지키지 않았기 때문에 협약이 '속임수의 하나'가 되었다고 비판하였다. Morehead(1997)는 협약을 재빠르게 비준하고 이행하지 않는 것보다 협약을 더 모독하는 것은 없다고 보았다.

긍정적인 측면에서 협약의 역할은 '변화 기제(an agent of change)'가 되는 것이다(Johns & Welch, 2011). 아동권리 개념은 긴급하게 변화를 도모해야 하는 상황에서 넘어서야 할 하나의 중대한 도전 혹은 수단으로 활용될 수 있다.

만일 소년 사법체계에서 범죄에 대한 아동의 책임 연령을 낮추어야 한다는 법 개정 움직임이 있다면 아동권리협약에서 아동의 연령을 18세 미만까지로 규정하고 있기 때문에 이러한 법 개정 움직임에 이의를 제기할 수 있다.

아동권리에 대한 태도 및 인식, 그리고 실제 적용은 국가의 사회정치적 요소에 따라 끊임없이 다양한 방식으로 변화한다.

제2절 아동의 삶 속에서 아동권리

1) 권리와 책임

일상생활에서 어른들은 여러 가지 역할과 상황에서 아동과 관계를 맺는다.

권리에는 수많은 정의가 있다. 일반적으로 세계인권선언(1948), 유엔아동권리협약(UNCRC, 1989), 그리고 유럽인권재판소(ECHR) 등과 같은 광범위한 협약이나 입법에 권리의 개념이 나타나 있지만 이들은 모두 다른 목적, 그리고 다른 대상을 위해 제정된 것이다. 영국 법무부는 아동 대상의 한 간행물에서 다음과 같은 포괄적인 정의를 사용하였다.

● 아동 대상 간행물에서의 포괄적인 정의

권리란 무엇인가?

- 권리란 당신이 언제나 할 수 있고, 가질 수 있고, 알 수 있고, 말할 수 있고 그것으로부터 보호를 받는 어떤 것입니다.

책임이란 무엇인가?

- 책임이란 당신이 다른 사람들, 사회, 또는 환경을 위해서 해야 하는 일입니다.

(법무부, 2009:5)

이러한 권리와 책임의 관계에 대한 정의에서 아동권리는 아동이 가지는 것으로 보이는 책임과 연결되어 있다. 세이브더칠드런(2005)은 권리와 책임의 관계를 다르게 본다. 여기서는 권리가 '오래전에 정립된 도덕 및 법적 전통'에서 발전되는 것으로 보며 아동의 권리와 책임을 어떤 '계약'이라는 관점에서 바라본다.

> 권리의 핵심 개념은 권리가 어떤 권리를 가지고 있는 사람(들)(보통 '권리 소유자'라고 함)과 그 권리 실현과 관련해서 의무와 책임을 가진 사람(들)이나 기관(들)(보통 '의무 이행자'라고 함) 사이에 정립된 합의 또는 '사회적 계약'이다(세이브더칠드런, 2005).

Frankline이 내놓은 한 가지 사례는 권리, 책임, 그리고 이러한 계약 사이의 관계가 갖는 실제적인 의미를 묘사하는 데 도움이 된다.

> '아동은 교육을 받을 권리를 가지고 있지만 그들은 정부가 지역적, 그리고 국가적으로 교육을 제공해야 할 책임을 이행할 수 있어야만 이 권리를 행사할 수 있다'(프랭클린, 2002).

아동의 권리와 책임, 그리고 권리에 대한 정의와 실행을 위한 관련 '계약'은 여러 가지 협약, 법률, 그리고 법과 연결된다. 그렇다면 아동권리란 무엇인가? 권리를 다음과 같이 설명할 수 있다.

2) 아동권리란 무엇인가?

영국의 'Participation Works'는 아동권리가 세계인권선언이나 유럽인권협약 등의 인권관련 협약이나 선언 등과 무관하지 않고 이들의 내용을 아동권리에도 적용할 수 있어야 한다고 보았다. 이 단체는 아동의 권리가 유럽인권협약(ECHR)이나 세계인권선언과 관련이 있다는 것을 강조하며 모든 공공 기관들이 아동권리에 해당하는 유럽인권협약(ECHR)을 따라야 한다고 규정하였다. 여기에는 아동에 대한 공급, 놀이, 학교교육, 아동복지서비스, 건강, 사회보장제도, 아동참여, 경찰 및 사법체계 등이 포함된다. 세계인권선언이나 협약 등의 아동권리 적용 타당성에도 불구하고 아동권리는 대부분의 사회에서 쉽게 관심을 받지 못하고 소외되어 왔다.

아동의 권리는 오랜 세월 논의되어 왔다. 1924년 국제연맹총회에서 "아동의 권리에 관한 제네바 선언"이 채택된 이후 1989년 국제법적 효력을 지닌 협약이 탄생하기까지 70년 가까운 시간이 소요되었다. 1919년 세이브더칠드런의 창시자인 에글렌타인젭 여사는 제1차 세계 대전 직후 경제적으로 어려운 상황에서 한 어머니가 자기 손으로 아기의 목숨을 끊는 처절한 상황을 목격하였다. 이후 세이브더칠드런 설립 4년 만인 1923년 '비록 아기를 낳았다 하더라도 아기의 생명권은 엄마에게 있지 않다.'는 것을 널리 외치면서 세계 최초의 아동 권리 선언문을 선포하였다. 이것은 유엔에서 제네바선언문으로 채택되었다. 그러나 이러한 선언이 아동의 생활에 실제적인 변화를 가져오지는 않았다. 1923년 방정환의 "아동권리 공약 3장"이 공표되었을 당시 식민지 시대의 우리나라 아동문학가들은 계급주의 타파 이데올로기를 아동 인권과 연결하였고, 아동을 독립된 인격체로 존중할 것을 강조하였다. 1959년 국제연합 총회는 제네바 선언보다 좀 더 진전된 "아동권리선언"을 공표하였다. 그리고 1979년 유엔은 '세계 아동의 해' 선포에 뒤이어 협약을 1989년 11월 20일 총회에서 회원국 만장일치로 채택하였다(황옥경, 2011).

협약은 아동의 연령을 17세 이하로 정의하였다. 이 협약에서 아동은 경제적, 사회적, 문화적, 시민적·정치적 권리를 갖는다. 협약이 보장하는 권리는 예외 없이 모든 아동에게 적용 가능해야 한다. 세계 각국 정부가 협약을 비준한다는 것은 정부가 이 협약에서 명시한 조항을 준수하는 데 동의한다는 것을 의미한다. 대한민국정부는 이 협약을 1991년 비준하였다.

협약은 각국의 정치적, 사회적 또는 경제적 상황에 따라서 여러 권리 영역이 강조되거나 다르게 이해되고 실행된다. 가장 보편적으로 사용되는 접근법은 협약이 제공·공급(provision), 보호(protection), 그리고 참여(participation)의 세 가지 영역과 관련된다고 보는 것이다. 반면 세이브더 칠드런은 협약이 강조하는 아동권리를 다음 네 가지라고 본다(John & Walker, 2010).

- 생존할 권리(the right to survive)
- 안전할 권리(the right to be safe)
- 소속할 권리(the right to belong)
- 발달할 권리(the right to develop)

유니세프는 '협약에 대한 네 가지 핵심 원칙'이라고 부르는 것을 강조하며 이것을 협약의 조항과 관련지어 설명한다.

- 비차별, 또는 보편성(제2조).
- 아동 최선의 이익(제3조).
- 생명, 생존 그리고 발달의 권리(제6조).
- 아동의 견해에 대한 존중(제12조).

● 유니세프와 유엔아동권리협약의 '네 가지 핵심 원칙'

비차별은 협약에서 각 아동에게 명시한 권리를 국가 내에서 존중하고 보장하되 아동이나 부모 또는 법적 보호자의 인종, 피부색, 성별, 언어, 종교, 정치적 또는 기타 의견, 국가나 민족이나 사회적 출신, 소유, 장애, 출생이나 기타 상태에 관계없이 어떠한 종류의 차별이 있어서는 안 된다는 제2조항에 반영되어 있다(유니세프, 2009:9). 유니세프는 이 비차별 조항이 장애아동의 상황, 그리고 불법 이민자들에게 특히 관련이 있다고 보며 또한 그들의 부모, 다른 가족 구성원 또는 법적 보호자의 아동에 대한 잘못된 이해로 인한 차별적 대우로부터 아동을 보호해야 한다는 이 비차별 조항을 강조하고 있다.

아동 최선의 이익은 협약 제3조 '공공 또는 민간기관, 사법, 행정, 입법기관의 아동과 관련한 모든 조치들은 아동의 이익을 최우선적으로 고려하여야 한다'에 나타나 있다. 이 조항과 '최선의 이익' 개념은 아동에 대한 법적 보호와 증거 혹은 사실에 기초한 아동보호와 연관된다. 유니세프는 특히 이 '아동 최선의 이익' 원칙에 근거하여 아동을 위한 공급, 입법, 정책 및 서비스에 관여하는 정부와 관련 기관들이 '아동에게 영향을 미치는 그들의 행동을 어떤 식으로든 검토할 것'을 요구한다(유니세프, 2009). 소년사법체계, 이혼 등의 사유로 인한 가정해체, 학대당한 아동의 보호 등과 같이 복잡한 역학관계를 가지고 있는 실제적인 상황에서 아동 최선의 이익을 고려해야 한다. 그리고 아동 최선의 이익이라는 취지를 가지고도 사실은 어른의 희망과 의제를 반영하는 관행 등이 관찰될 때 아동 최선의 이익을 어떻게 적용할 것인가의 문제가 있다.

생명, 생존 및 발달에 대한 권리는 이 협약이 '모든 아동은 생명에 대한 타고난 권리를 가지고 있다'고 한 제6조에서 볼 수 있는데 이 조항은 이해관계자들이 '최대한으로 아동의 생존과 발달을 보장해야 한다'고 명시하였다. 유니세프는 이러한 권리가 보건서비스와 같은 영역에서 '실행 가능한 가장 높은 수준의' 공급을 향유하는 것, 그리고 '적절한 수준의' 생활을 누리는 것과 관련되어 있다고 보았다(유니세프, 2009). 이 조항과 관련한 아동의 삶은 아동보호, 건강 증진, 그리고 빈곤문제, 양육 등을 포함한다.

아동견해 존중은 아동의 견해를 들어주고 존중해야 한다는 것이다. 협약 제 12조는 국가가 '아동은 자신의 의견을 자유롭게 표현할 권리가 있으며, 아동에게 영향을 주는 어떠한 사건이나 절차에서도 아동의 의견이 고려되어야 할 것을 명시하였다. 이 과정에서 아동의 연령과 성숙도를 고려해야 한다'(유니세프, 2009:9). 이 조항은 아동관련기관이 아동 자신의 삶에 대한 결정을 할 때 아동에게 참여할 수 있는 기회를 주고 권한을 이양하는 과정, 서비스를 계획하고 실행하는 과정, 그리고 아동과의 의사소통 과정과 방식 등에서 고려되어야 한다.

협약은 세계 모든 아동들에게 변화를 약속하는 국제적인 문서로서 '보호의 대상자'로서의 아동과 '권리의 주체자로서의 아동', 이 두 개념 간의 조화를 강조한다. 협약은 특히 아동이 의사표현과 자기결정 등과 같은 역량을 소유하고 있음을 인정할 것을 강조한다. 아동참여는 이런 맥락에서 중시된다.

3) 아동의 삶과 아동권리의 관계

아동의 삶과 권리의 관계는 여러 가지 영역과 분야에서 살펴볼 수 있다. 이 관계는 학교 운동장에서부터 교실까지, 그리고 가정에서부터 소년사법체계에 이르기까지 다양한 영역에서 드러난다. 예를 들어 어떤 아동이 자기 가족과 갖는 관계는 권리와 아동, 가족, 그리고 국가 간의 관계라는 틀 안에서 살펴볼 수 있다.

> 가족은 아동과 국가사회 관계의 중간에 위치해 있으며 아동이 가족과 사회의 일원으로서 긍정적인 관계를 발달시킬 수 있게 해 주는 동시에 아동을 한 개인으로 지원하여야 한다. 그러나 각 가족은 믿음과 가치관이 서로 다르며 이것은 아동에 대한 그들의 기대, 그리고 그들의 관계에 영향을 미친다. 이것은 협약의 원칙과 다를 수도 있고 국가 정책이 기대하는 바와 다를 수도 있다 (Johns와 Welch, 2010:136).

어른들이 아동과 관계를 맺는 방식은 문서로 명문화한 정책과 과정의 지배를 받는다. 대부분의 정책과 과정은 어른이 만들어낸 것이다. 시간이 흐르면서 이러한 정책과 과정은 보다 폭넓은 사회적 태도와 관심, 정치적 영향을 반영하면서 발달하고 변화한다. 정책과 과정의 발달은 정부정책의 변화에 기인하기도 하지만 특정한 조직 운영과 이러한 조직 내에서 일하는 개인이 아동에게 서비스를 어떻게 제공하는가와도 관련되어 있다. 이때 '아동의 권리' 개념은 정책과 실행과정의 변화를 초래하는 '배경'으로 작용할 수 있다. 다음 영국의 예는 '아동권리'관점이 정책과 실행과정의 변화를 어떻게 이끌어 내는지 보여준다.

● 사례

사례 1) 지방정부와 아동권리: 아동참여

Trlfore와 Wrekin 지방정부는 아동의 참여를 적극적으로 모색해 왔다. Trlfore와 Wrekin 지방정부는 아동 참여그룹을 개발, 지원하고 장애아동의 보호와 이들을 보살피는 사람들의 참여 역시 장려하고 있다. 이 두 지방정부는 아동이 놀이와 활동, 변화 만들기, 아동권리와 책임에 대해 배우기, 아동의 의견을 표현하기, 의사 결정하기 등에 참여하도록 돕는다. 이들은 서비스를 제공하는 사람들이 현행 구조와 관행에서 어떻게 아동권리를 반영할 수 있을지에 대한 문제의식을 발달하도록 돕고 이를 촉진할 수 있는 방안을 함께 모색한다. 아동과 관련된 특정 사안에 대해서도 함께 논의하는데 예를 들면 보호와 부모양육지원, 그리고 '시설보호아동이 어떻게 완전하게 조사 과정에 참여할 수 있는지의 방안을 모색하는 것 등이다'. 이 지방정부는 아동참여를 위한 '실행방안'을 만들었고 훈련프로그램까지 개발하여 다른 지역에서도 사용할 수 있도록 하였다.

사례 2) 지방정부와 아동권리: 영유아 보육·교육

Leeds 지역은 유엔아동권리협약을 기초로 '아동권리정책'을 만들었다(2009년 1월 23일 개정). 그 일부 내용은 다음과 같다.

자기 자신의 견해를 형성할 능력이 있는 모든 영유아는 자신에게 영향을 미치는 모든 사안에 대해 의견을 자유롭게 표현하도록 장려하고 있으며 아동참여는 아동의 연령과 성숙도를 고려해야 한다.

모든 아동은 표현의 자유가 있다. 이 권리는 아동 자신의 정보와 생각을 말이나 인쇄물로, 예술의 형태로, 또는 아동이 선택하는 매체를 통해서 찾고 제공받을 수 있는 자유를 포함한다.

(Johns & Welch, 2010).

최근 몇 년간 '퀄리티 프로텍트'나 '커넥션'과 같은 중앙정부차원의 계획을 수행하는 과정에서 영국정부는 아동의 참여를 확대해 왔다. 아동의 문서상 참여뿐만 아니라 많은 실행위원회들이 정책 우선순위를 결정하는 과정에서 아동의 참여를 늘리려는 노력을 기울이고 있다. 지방정부 차원에서도 지역서비스 제공과정에서 아동참여를 확대하고 있다.

제3절 아동권리 레토릭과 현실의 간극

역사적, 정치적, 사회적 또는 경제적 맥락에 따라 아동권리의 다른 영역은 강조되거나 다르게 이해되기도 한다. 협약이 탄생되는 과정에서 일부 국가들이 태아기가 제외된 협약의 아동연령 규정에 대해 문제를 제기하였다. 각국의 아동에 대한 상반된 이해와 입장은 협약 비준국이 194개국에 이르지만 63개국이 가입 또는 비준 시 협약의 몇몇 조항을 유보한 것을 통해서도 알 수 있다. 유보조항은 대개는 성인과 아동권리의 충돌을 우려한 성인의 결정에서 비롯된 것이다. 많은 국가가 소수 조항을 유보하고 비준하거나 몇몇 국가가 다수의 조항을 유보하고 비준한다면, 조약의 법률적 기능이 침식될 수 있다(이재연 외, 2009).

협약의 이행과정은 각국의 상황이 반영되기 때문에 어떤 국가는 아동 노동이나 빈곤에 관한 아동권리가 주요 주제가 될 수 있고, 다른 국가는 아동이 이용하는 서비스에 대한 의사결정과정에 아동이 참여하는 것이 아동권리 실행의 우선과제가 될 수 있다. 우선과제를 결정하는 것은 아동과 이해집단들, 관련 종사자나 정부 관계자들의 토론이나 어떤 압력을 통해서 이루어진다. 이러한 과정은 아동에게 미치는 부정적인 영향을 감소시키고 긍정적 변화를 모색하는 다양한 집단과 각 세력이 참여한다. 아동권리 실현을 위한 우선순위를 매기고 정리하는 방법도 여러 가지가 있다. 정부와 의회 등의 정책입안가들이 관련 통계와 자료, 그리고 연구물을 기초로 이행해야만 하는 아동권리 우선순위를 선정할 수 있고, 아동 자신이 우선적으로 보호받아야 하는 자신의 권리를 정리할 수도 있다. 아래의 내용은 아동정책을 입안하는 정부와 아동의 아동권리 우선순위가 다를 수 있음을 보여준다.

● 영국정부가 선정한 주요 아동권리

- 생명, 생존 및 발달의 권리
- 아동의 견해가 존중받을 수 있고 항상 아동 최선의 이익이 고려될 수 있는 아동의 권리
- 아동이 이름과 국적, 표현의 자유, 그리고 자신들에 관한 정보에 대해 접근할 수 있는 권리
- 가족 환경에 살거나 또는 가족을 대체할 만한 보살핌을 받으며 가능할 때마다 부모와 연락할 수 있는 권리
- 장애 어린이를 위한 권리를 포함한 건강 및 보건의 권리, 그리고 사회보장에 대한 권리
- 교육, 여가, 문화 및 예술에 대한 권리
- 난민 아동, 청소년 법 산하 기관 내의 아동, 자유를 빼앗긴 아동, 그리고 경제적, 성적 또는 기타 형태의 착취를 당하는 아동에 대한 특별한 보호

출처: John, P. & Walker, G.(2011)

● 아동이 선정한 아동 권리

최근 한 조사에서 1,800명의 영국 아동들에게 유엔아동권리협약과 세계인권선언의 아동 권리에 대한 상세 내용을 알려주고 아동의 관점에서 투표를 하도록 했다. 그 결과 권리의 의미와 중요성에 대하여 어른과 다른 아동의 관점이 도출되었다. 최상위 5가지가 다음과 같다.

1. 학대로부터 보호받을 권리
2. 교육을 받을 권리
3. 생존과 안녕을 누릴 수 있는 도움을 받을 권리
4. 인종, 피부색, 성별, 장애, 언어 또는 종교적 신념 때문에 차별받지 않을 권리
5. 잔인하거나 내 자신에 대해 나쁜 느낌이 들게 할 목적을 갖는 방식으로 취급되거나 처벌받지 않을 권리

(OFSTED, 2010)

우리 정부는 2000년대 이후 아동정책을 수립하고 실천하는 과정에서 협약의 내용을 반영하고자 하였다. 이 과정에서 아동권리 실행의 우선순위를 밝히거나 확인하는 절차는 없었다. 1991년 협약에 비준한 정부는 협약을 국가의 법적 기틀에 통합시키지 못하였다. 아동복지법과 영유아보육법 등에서 협약 제 2조의 차별금지 조항을 법 이념에 포함하였지만 이것이 곧 협약의 내용이 아동과 관련된 모든 법에 통합·적용되었다고 이해할 수 없다. 정부는 1994년 1차보고서에서부터 2008년 3,4차 통합보고서에 이르기까지 세 차례에 걸쳐 협약의 이행상황을 유엔아동권리위원회에 보고하였고 권고안을 받았다. 그리고 '아동의 매매, 매춘 및 포르노그라피에 관한 선택의정서'의 정부보고서는 2007년 11월 1일에 제출되어 2008년 7월 심의를 받았다. '아동의 무력충돌 참여에 관한 선택의정서'는 2007년 7월 16일 제출하였고 2008년 6월 27일 심의를 받았다. 이와 같은 일련의 과정을 거치면서 정부는 아동권리를 정책수행 전반에 반영하고자 하였으나 정부의 노력이 아동의 실제적인 삶을 향상하는 데 크게 기여하였다고 보기 어렵다(이재연 외, 2009).

우리나라 아동정책의 대부분은 보호가 필요한 아동을 주 대상으로 하고 있어서 일반아동을 위한 정책은 크게 부족하다. 뿐만 아니라 비슷한 정부정책이 각기 다른 부처에서 시행되고 아동과 청소년 업무를 담당하는 부처가 다르다. 정책의 파편화 현상이 심각하여 정책 실행의 효율성을 떨어뜨리고 있다. 그리고 아동권리증진을 위한 옹호 및 아동참여 활동도 지속성이 없는 일회적인 아동총회나 청소년의회 활동에 의존하고 있다. 아동권리에 대한 인식도 소수 아동 관련 전문가 집단을 제외하고는 여전히 미미한 수준이다. 아동들이 성장하고 있는 지역사회 환경은 아동들에게 친화적이지 않고, 아동들의 욕구를 반영하는 데 소극적이다.

특히 정부는 학대 아동의 보호와 빈곤아동의 조기개입 등의 정책 수립과정에서 아동권리 개념을 차용하고 있으나(보건복지부, 2014) 아동권리 위배 논란의 여지가 있는 정부정책이 확대되는 경우도 있다. 이러한 대표적인 정부정책이 영유아 무상보육·교육, 그리고 무상급식 정책이다. 이 정책을 아동의 최선의 이익에 입각한 것이라고 보기 어렵다는 다양한 집단의 이견과 논란 심지어 관련자 간의 첨예한 대립이 있었다. 그럼에도 불구하고 정부는 이것들을 정책으로 채택하였다. 보호가 필요한 아동이 여전히 성장과 발달을 위협받는 환경에서 자라고 있고 학대의 위험에 노출된 아동의 보호 방안 역시 예방적이지 않다. 1백여 만 명이 넘는 상대적 빈곤가정의 아동의 삶 또한 불안정하다(송준헌, 2014). 학교폭력은 정부 대책에도 불구하고 근절되지 않고 있고, 지나친 학업경쟁으로 놀이와 여가시간을 갖지 못할 뿐만 아니라 산업화와 경제성장의 명목 하에 아동의 놀이와 여가 공간이 사라지고 있다(황옥경 외, 2014). 아동들은 자신의 삶이 행복하지 않다고 토로하고 있으며 우리나라는 OECD국가 중 아동의 행복도가 가장 낮다(보건복지부, 2014)는 확인도 이어진다.

아동권리가 화려한 수사로 난무할 뿐 아동권리를 이행하는 데 사회적인 제약을 걷어내지 못하고 있고 협약에 위배되는 정책과 제도, 서비스가 발견된다(황옥경, 2014). 아동권리 실천과 현실과의 간극이 여전하다. 협약을 비준하고 이를 이행하겠다는 다짐을 하지만 아동이 아직 우리사회의 주류가 되지 못하고 시민으로서 사람의 지위를 획득하지 못하는 상황에서 정책에 아동권리 개념을 반영하기가 쉽지 않다. 아동권리라는 수사를 넘어 아동권리를 구체화하는 것을 정책수립의 최우선에 배치하는 가치의 전환이 필요하다.

제4절 아동권리의 진화

협약은 한 사회에서 아동에 대한 입장이 매우 다양하고 유동적이기 때문에 아동의 특성을 보편적으로 진술하기 어렵다는 것을 이해한 것이며, 아동 자신이 자신의 삶을 능동적으로 이끌어 갈 수 있다는 점을 수용하였다(황옥경, 2014). 아동에 대한 협약의 개념을 아동복지 실천현장에 적용할 수 있으려면 다양한 압박이 필요하다. 사실 협약의 채택 역시 아동권리를 자각하고 실행하라는 국제사회에 대한 압박의 일환이다. Sinclar는 협약과 유럽인권선언, 관련법률과 정책뿐만 아니라 보다 미시적 차원, 즉 아동을 위한 자선활동 학교나 아동센터 등의 기관이 제공하는 서비스에서도 아동권리 실행을 압박할 수 있다고 보았다.

Moss와 Petrie(2002)는 아동기가 생물학적인 사실이기는 하지만 그 시기를 이해하고 보내는 방식은 상당히 다양하다고 주장한다. 이 다양성은 사람들 간의 상호작용을 통해서, 그리고 아동에 대한 이미지를 통해서 형성되는데 이 이미지는 우리가 행동하고 상호작용하는 방식을 결정하는 데 정보를 제공한다. 아동이 누구인가에 대해 오로지 한 가지 답만 있었던 적은 없다. 여러 발달이론 및 지역사회, 그리고 직종에서 아동이란 어떤 존재인지에 대한 구체적인 해석을 만들어 내었으며 아동기에 대한 정의는 정치, 역사 및 문화에 의해 형성되었다. 협약은 아동이 자신들의 삶의 대변자이며 의사결정에 기여하고 참여할 수 있음을 보여주었다.

협약이 발효된 지 25주년이 지났고 그동안 '아동권리 의제'라고 볼 수 있는 여러 법률과 정책 변화가 있었다. 유엔아동권리위원회는 우리 정부에게 협약의 실행을 통하여 아동의 삶이 진전될 수 있도록 하라고 촉구하였다.

아동권리는 진화해야 한다. 아동권리는 실행과 과정 속에 있다. 아동권리의 진화는 아동의 일상의 경험과 아동과 관련된 사람들에게 나타나야 한다. 아동권리가 사회 속에서 아동과, 그리고 사회적 변화와 상호작용할 때 아동권리가 다른 방식으로 이해되고 적용될 수 있는 새로운 기회가 나타난다. 그리고 해결하기 어려운 난제를 만나면서 아동권리가 점검되고 다시 전개된다. 아동복지서비스 현안과 과제들을 해결하는 과정에서 아동권리 관점을 소홀히 하면 아동이 삶의 진전을 기대할 수 없고 아동의 권리는 발달할 수 없다.

참고문헌

보건복지부 (2014). 아동실태조사, 보건복지부.

송준헌 (2014). 『아동권리 레토릭과 현실』 2014 한국아동권리학회 추계학술대회 자료집, 145~153.

이재연, 황옥경, 김효진 (2009). 아동과 권리, 아동학회지, 30.6. 153~165.

황옥경 (2011). 영유아기 권리에 대한 유엔의 권고 분석－유엔아동권링위원회의 일반논평을 중심으로－ 아동과 권리. 16.1. 27~49.

황옥경 (2014). 유엔아동권리협약의 국내 이행 추진 상황과 향후과제, 유엔아동권리협약 채택 25주년 기념세미나 자료집, 15-44.

황옥경, 한유미, 김정화 (2014). 한국아동이 놀권리 증진방안, 유니세프 한국위원회; 한국아동권리학회.

Alston, P. & Tobin, J. (2005). Laying the Foundations for Children's Rights. Florence: UNICEF, Innocenti Research Centre.

Frankline, B. (2002). *The Newhandbook of Children's Rights: Comparative Policy and Practice*. London: Routledge.

John, P. & Walker, G (2010). *Children's Rights in Practice*. SAGE.

John, P. & Walker, G. (2011). *Children's Rights in Practice*, London: SAGE.

Johns, P. & Welch, S. (2010). *Rethinking Children's Rights*, London: Continum.

Johns, P. & Welch, S. (2011). *Rethinking Children's Rights*. Continum.

Morehead (1997). pangaea.org/street-children/world/uncon3.htm

Morehead, C. (1997). Safeguards, childrens's rights are still ignored: Press Release, 26 March 1997. Avallable online at http://pangaea.org/street-children/world/unconv3. htm.

Moss, P. (2002). Listening to young children-beyond rights to ethics Perspectives: A Series of Occasional Papers on Early Years Education: Let's Talk about Listening to Children: Toward a Shared understaning for Early Years Education in Scotland: Learning and Teaching Scotland.

UNICEF (2007). Child Poverty in Perspective: An overview of child-wellbeing in Rich Countries, Florence, Unicef Innocenti Research Centre.

제2장 의사결정과정에서의 아동참여

유엔아동권리협약(이하 협약이라 칭함)은 아동·청소년을 적극적인 권리 향유의 주체로 인식하고, 수동적이고 미성숙한 보호의 대상에서 자율성과 자기결정권을 가진 주체적 존재로 아동·청소년에 대한 인식의 전환을 이루었다는 점에서 의미가 크다.

협약의 네 가지 일반원칙 중 하나인 아동·청소년의 참여권 보장은 모든 권리의 기본 바탕으로서 그 중요성이 강조되고 있다. 협약 제12조는 아동·청소년이 자신에게 영향을 미치는 모든 문제에 대해 자유롭게 의견을 표명하고 성인은 이를 비중 있게 반영할 의무가 있음을 밝히고 있다.

한국정부의 협약 가입 이후 국제사회에서 아동·청소년의 견해 존중과 참여 촉진에 대한 권고가 지속되고, 1990년대 후반 청소년정책 분야에서 청소년참여 필요성에 대한 인식이 형성되면서 아동·청소년 참여에 대한 사회적 관심이 확대되고는 있으나 아직 우리사회에서 아동·청소년은 어리고 미성숙하므로 권리를 유보하는 것이 당연하다는 인식이 일반적인 상황이다. 가정, 학교, 사회 등 모든 삶의 장면에서, 그리고 아동·청소년에게 영향을 미치는 모든 사법적·행정적 절차에서 이들의 참여를 보장하기 위한 노력이 필요하다.

제1절 아동·청소년 참여의 의의

1) 아동 · 청소년 참여 논의의 확산

한국사회에서 아동 · 청소년 참여담론은 국제사회의 인권과 참여 논의에 영향을 받아 촉진되었다. 1991년 정부가 비준한 협약의 4대 일반원칙 중 하나가 제12조인 '아동 · 청소년의 의견표명권'으로, 참여는 아동 · 청소년의 권리의 하나이며 특히 협약 전체 조항의 바탕이 되는 '일반원칙'이라는 점에서 더욱 중요한 의미를 가진다.[1)]

● 아동권리협약 제12조

1. 당사국은 자신의 견해를 형성할 능력이 있는 아동에 대하여 본인에게 영향을 미치는 모든 문제에 있어서 자신의 견해를 자유스럽게 표시할 권리를 보장하며, 아동의 견해에 대하여는 아동의 연령과 성숙도에 따라 정당한 비중이 부여되어야 한다.
2. 이러한 목적을 위하여, 아동에게는 특히 아동에게 영향을 미치는 여하한 사법적, 행정적 절차에 있어서도 직접 또는 대표자나 적절한 기관을 통하여 진술할 기회가 국내법상 절차규칙에 합치되는 방법으로 주어져야 한다.

아동 · 청소년의 참여권에 대한 관심은 협약에 의해 확산되기 시작했다. 협약 4대 원칙을 천명하면서 이전의 아동권리와는 뚜렷하게 대비되는 참여권을

1) 유엔아동권리위원회 일반논평 제12호에서는 협약 제12조에 '참여'라는 문구가 직접적으로 등장하지는 않지만 제12조의 이행을 촉진하는 법률, 정책, 조치 등의 개발이 국지적, 국가적, 지역적, 세계적 수준에서 발전해 왔으며 이러한 정보공유와 상호존중에 입각한 성인과 아동 · 청소년의 대화의 과정들이 '참여'로 개념화될 수 있음을 밝히고 있다(UNCRC, 2009: para 3).

제시함으로서 이에 대한 관심을 촉발시켰다고 할 수 있다. 이것은 아동·청소년의 권리를, 단지 보호받을 존재에 대한 성인의 시혜적 성격에서 아동들이 권리의 주체가 되어 누리는 적극적 권리로 인식하는 패러다임의 변화를 의미한다. 패러다임의 변화를 촉발한 협약에서 참여권은 여러 조항에 걸쳐 나타나고 있지만 가장 중요한 항목으로 제12조를 들 수 있다. 그 외에 제13조에서는 표현의 자유, 제14조 생각, 양심 및 종교의 자유, 제15조에서는 결사 및 평화적 집회의 자유를 명시하고 있다.

국내에서는 1998년 새로운 청소년헌장의 제정과 함께 여러 법률의 제정 및 개정과정에서 참여 논의가 반영되었지만 아쉽게도 아직까지 대한민국 어린이 헌장에는 아동의 참여가 명시되고 있지 않다.

한편 유엔은 1985년을 '세계 청소년의 해'로 정하면서 '평화, 발전, 참여'를 주제로 채택하여 청소년에게 사회발전에 참여할 수 있는 기회를 제공함으로써 동반자적 관계 속에서 평화로운 미래를 건설해 가고자 하는 희망을 제시하고, 이를 계기로 1998년 '세계청소년관계장관회의'에 이르기까지 청소년참여에 대한 중요성을 인식하는 정책과 프로그램을 지속시켰다.

1995년 유엔은 청소년정책의 근간인 '세계청소년행동프로그램(World Programme of Action for Youth : WPAY)'의 주요 정책영역의 하나로 '의사결정과 사회생활에서 청소년의 완전하고 효과적인 참여'를 설정하고, 청소년들이 사회 변화, 경제 발전, 그리고 기술 혁신의 주요 원동력이며, 발전을 위한 주요 인적자원임을 인식하고 세계 어디서나 남녀청소년들이 사회생활에의 완전한 참여를 열망하고 있음을 중요하게 인식해야 함을 강조하였다. 이러한 노력은 "우리사회의 진보는 미래를 건설하고 설계하는 데 얼마나 많이 청소년을 참여시키느냐에 달려있다."는 세계청소년행동프로그램의 내용으로 대변된다.

1990년대 중반 이후 전 세계적으로 청소년을 인류발전의 동반자로 인식하고 참여를 청소년정책의 주요 가치로 설정해 나감에 따라 한국에서는 1998년 제2차 청소년육성5개년계획을 통해 '청소년의 인권신장과 자율·참여'를 주요 정책이념으로 설정하고 사회구성원으로서 청소년의 시민권 보장 정책을 추진하게 되었으며, 이러한 기조는 정책의 큰 흐름으로 지속되고 있다.[2)]

사회는 청소년에 대한 태도와 시각을 바꾸어 이들을 자신의 삶과 사회에 영향을 미치는 의사결정을 내릴 수 있는 적극적 참여자이자 변화의 주체로 봐야 한다. 청소년은 오늘날과 미래의 사회건설에 기여할 수 있다. 청소년을 이해하기 위한 가장 최선의 방법은 그들로 하여금 적극적으로 사회에 참여하게 함으로써 사회에서 보다 많은 영향력을 행사할 수 있도록 하여 그들의 목소리에 힘을 실어주는 것이다.

청소년참여는 청소년이 자신에게 영향을 미치는 의사결정과정에 관여하거나 영향을 주는 과정으로, '청소년들을 그들의 삶에 영향을 미치는 의사결정에 참여하고 영향을 주며, 청소년들이 관심을 가지는 문제에 대해 행동을 취할 수 있도록 권한을 주는 활동들'(Kirshner et al, 2002: 5) 또는 '청소년에게 영향을 주는 결정, 계획, 자원 등에 영향력을 행사하고 통제와 책임을 공유하는 과정'(United Nations, 2004)으로 설명되기도 한다.

유엔아동권리위원회는 회원국가가 아동·청소년이 자신의 의견을 자유롭

---

2) 1998년 8월 11일 포르투갈 리스본에서 개최된 제1회 세계청소년관계장관회의에 참석한 한국정부대표 연설문 중 일부는 다음과 같다. : "...... 과거 한국의 청소년정책은 청소년을 보호의 대상으로 인식하여 비행예방과 불안정한 청소년에 초점을 두었으나, 이러한 한계를 인식하여 미래지향적인 방향으로 청소년정책을 개선하기 시작했습니다. 우리의 새로운 정책은 청소년은 단순히 '미래의 주역'일 뿐만 아니라 현재 사회의 일원이라는 인식에 기반하여, 사회 모든 부문에의 청소년의 적극적이고 효과적인 참여를 촉진하고 그들이 발전을 위한 주요 추진력으로 자신의 잠재력을 깨닫도록 돕는 것을 목표로 하고 있습니다."

게 개진할 수 있도록 아동・청소년을 격려하고 자신의 의견표명 권리를 행사할 수 있는 환경을 제공해야 하며, 아동・청소년의 의견은 적절한 관점과 경험을 제공할 수 있으므로 의사결정, 정책입안, 법률과 조치의 준비 및 평가에 반영되어야 함을 강조한다. 참여의 과정에서 의견표명권(right to be heard)은 핵심적인 요소이며, 참여의 개념에서 중요한 것은 일시적인 행동이 아닌, 아동・청소년의 삶과 관련된 정책, 프로그램, 조치들의 개발에 대한 아동・청소년과 성인의 심도 깊은 의견교환의 출발점이 되어야 한다는 점이라는 것이다(UNCRC, 2009: para 11~13).

2) 아동・청소년 참여의 가치

청소년 참여를 통해 청소년과 성인이 삶의 모든 분야에서 협력관계를 개발함으로써 청소년이 사회 내에서 가치 있는 위치를 차지하고 사회 또한 그들의 생각, 공헌, 활력을 통해 이득을 얻을 수 있다(The Australian Youth Foundation, 1996: 1).

청소년은 참여를 통해 청소년 자신의 발달뿐만 아니라 지역사회나 사회발전에도 기여할 수 있다. 청소년참여는 사회발전을 위한 자원으로서 또는 사회변화의 주체로서 청소년의 역할과 기여를 기대한다. 청소년이 자신의 삶의 주체로서, 그리고 지역사회의 구성원으로서 자율성을 갖는 독립된 존재라는 인식에 근거하여 지역사회에 참여할 권리가 있고 동시에 지역사회 발전에 참여해야 할 책임이 있다는 것이다(김영지 외, 2005).

청소년에게 영향을 미치는 프로그램이 청소년의 욕구나 관심이 효과적으로 다루어지게 하기 위해서는 청소년들로 하여금 정책형성과정의 매 단계, 즉 토의, 형성, 설계, 실행, 평가과정에 참여토록 하는 것이 필요하다.

청소년을 위한 프로그램과 서비스는 청소년이 참여할 때 보다 더 제 기능을 발휘한다. 청소년에게 영향을 미치는 정책형성에 관한 한, 성인에 의해 주어진 정책을 취하기보다는 청소년의 목소리를 낼 수 있도록 배려되어야 한다. 만일 청소년의 의사반영이나 참여가 부족하다면 청소년을 위해 고안된 사업이나 프로그램 및 정책은 부적절한 것이 될 수 있다. 청소년은 청소년 정책형성에 사용될 정보를 생성, 교환, 분석하는 일에 도움을 주어야 한다.

청소년은 특히 신뢰와 존중의 분위기 속에서 욕구를 정책으로 전환할 수 있는 능력을 가지고 있다. 자신들을 지지하는 환경 속에서는 청소년은 자신들의 욕구가 무엇인지 보다 잘 파악할 수 있다. 청소년이 우선순위를 정하고, 목표를 구체화하며 전략을 개발할 때는 주인의식이 생성된다. 이것은 청소년에게 보다 많은 동기를 부여해 주어 그들로 하여금 참신하고 의미 있는 통찰을 제공하게 하며 이는 다른 관련자들과의 협력 속에서 목적한 바를 성취할 수 있는 프로그램의 개발과 제도의 채택을 가능하게 한다. 결과적으로 생성된 청소년 정책은 청소년의 욕구에 보다 더 가까워질 수 있다(ESCAP, 1999).

능력 있고 책임 있는 시민의식은 나이가 18세에 이르렀다고 갑자기 생겨나는 것이 아니다. 어린이들도 어른들처럼 자신이 속한 세상에 건설적이고 활동적으로 참여함으로써 자부심을 갖게 된다. 자기 자신과 다른 사람들을 존중하고 책임을 진다는 생각은 아주 어릴 때부터 형성되며, 세상과의 상호작용을 통해 계속 경험하게 되는 가치이다. 민주주의의 희망은 어릴 때부터 학교에서 성취를 위한 준비를 해온 어린이들, 그리고 가정과 학교, 사회로부터 자신들의 의견과 관점이 가치 있다고 인정받은 어린이들, 인간 경험의 다양성과 토론의 가치에 대해 배운 어린이들, 능력을 찾아내고 능력을 개발할 수 있는 기회를 많이 가진 어린이들에게 달려있다. 그런 어린이들은 현재는 어린이로서,

그리고 자라서는 성인으로서 시민사회의 질을 향상시키는 역할을 하게 될 것이다(유니세프한국위원회 역, 2002: 13-14).

참여를 조성하는 분위기가 없는 사회, 즉 젊은이들이 자기 자신을 표현할 줄도 모르고 서로 다른 점에 대해 타협할 줄도 모르고, 건설적인 대화도 이끌 줄 모르고, 자기 자신과 가족, 지역사회와 국가에 대해 책임을 지는 방법도 모르는 사회는 중장기적으로 치르게 될 대가를 고려하여 반드시 참여의 기술을 배우고 이를 실천하여야 한다(유니세프한국위원회 역, 2002: 4).

● 아동 · 청소년 참여에 대한 목소리

"우리는 어린이들이 살기 좋은 세상을 원합니다. 왜냐하면 우리가 살기 좋은 세상은 모든 사람들에게 살기 좋은 세상이 될 것이기 때문입니다.... 우리는 문제의 원인이 아니라 문제 해결을 위해 필요한 자원입니다. 우리를 단지 어린 사람들이라고 하지 마세요. 우리들은 이 세계를 구성하는 일원이며, 이 세계의 시민입니다. 어른들은 우리를 미래라고 부르지만 우리는 현재이기도 합니다."

—가브리엘라 아리에타(13세). 유엔아동특별총회 볼리비아 대표,
오드리 셰이쉬(17세). 모나코 대표

"청소년 참여가 왜 중요한가? 가장 먼저 그것이 권리이기 때문이다! 젊은이들은 사회에 완전하게 참여할 권리와 그들의 삶과 관련된 문제들에 대해 자신의 견해를 표현할 권리를 가지고 있다.

만약 청소년이 완전하게 사회에 참여하도록 장려받는다면 자신의 권리에 대해 더 잘 알게 될 것이고 나아가 더욱 책임 있는 시민이 될 것이다. 민주적이고 관용적이고 정의로운 사회는 참여기회를 이용할 수 있는 교육받은 시민들에 의해 유지된다. 그러므로 참여는 또한 국가 미래에 대한 투자가 되기도 하는 것이다."

—유엔 청소년국, 2004

"어른들은 중요한 점을 놓치고 있습니다. 어린이들이 적극적으로 기여하고 참여할 정도로 충분한 기술을 가질 수 있는 나이가 몇 살이라고 생각을 하십니까? 여러

분이 우리 어린이들에게 참여할 기회를 주지 않는다면 우리도 참여의 기술을 배울 수 없습니다. 우리에게 빨리 기회를 주십시오. 그리고 우리가 어떻게 하늘을 나는지 봐주십시오."

—카이룰 아즈리(17세). 유엔아동특별총회 말레이시아 대표

"어린이의 말에 귀를 기울이고 어린이의 참여를 보장해 주십시오. 어린이와 청소년들은 우리 모두를 위해 더 좋은 세상을 만드는 데 기여할 수 있는 유능한 시민들입니다. 우리는 어린이들이 연령과 성숙정도에 따라 자신을 표현하고, 어린이들에게 영향을 미치는 모든 문제들에 참여할 권리를 존중해 주어야 합니다."

—'어린이가 살기 좋은 세상' 선언문 2002

"우리 어린이들은 사회에서 8세나 12세, 혹은 17세의 일에 대해서는 전문가입니다. 우리에게 자문을 구하면 여러분들은 좀 더 효율적으로 일을 할 수 있고, 어린이들에게는 더 좋은 결과를 가져다 줄 수 있습니다. 제가 하고 싶은 말은 이것입니다. 우리를 여러분 팀의 일원으로 받아주세요."

—헤이디 그란데(17세). 유엔아동특별총회 노르웨이 대표

"모든 세대의 사람들이 새로운 도전에 직면해 있다. 어린이와 청소년의 생각에 귀 기울이는 일, 그것이 바로 우리들이 해야 할 일 중 하나이다. 이런 책임을 다하기 위해 어른들 스스로도 새로운 능력을 개발해야 한다. 우리는 어린이와 청소년들의 의견을 효과적으로 이끌어내는 방법과, 어린이와 청소년들이 여러 가지 방법으로 스스로를 표현하는 다양한 목소리를 인식하는 방법을 배워야 한다. 또한 그들이 전하는 언어적 메시지와 비언어적 메시지 모두를 이해하는 방법을 배워야 한다. 그리고 무엇보다도 우리는 어린이와 청소년들의 말과 의견에 잘 대응할 수 있는 능력을 개발해야만 한다."

—유니세프

청소년은 자기 삶의 주인이다.

청소년은 인격체로서 존중받을 권리와 시민으로서 미래를 열어 갈 권리를 가진다.

청소년은 스스로 생각하고 선택하며 활동하는 삶의 주체로서 자율과 참여의 기회를 누린다.

—1998년 개정된 청소년헌장 서문

출처: 김영지 외, 2005; 김영지·이혜연, 2010

제2절 국제인권기준과 아동·청소년 참여

2006년 9월 아동의견표명권에 대한 '일반토론의 날(day of general discussion)', 당시 유엔아동권리위원회 Jaap Doek 위원장은 "아동·청소년은 아동권리협약의 권리소유자이다. 이것은 그들의 조약이다. 모든 조항이 중요하지만 제12조항은 모든 다른 조항들의 필수요소가 되어야 하므로 특히 더 중요하다"는 말로 참여권의 의의를 강조하였다.

국제적 협약과 권고에서 아동·청소년 참여를 강조함으로써 우리사회에서도 지향해야 할 당위적이고 상징적인 가치로서 참여의 의의는 확산되고 있으나, 아동·청소년 참여를 일상적인 삶과 각종 생활의 장, 다양한 의사결정의 차원에서 어떻게 실천할 것인가에 대한 구체적인 고민과 실천 노력은 부족하다. 또한 협약에서 참여권의 내용을 담고 있는 제12조에 대해 일반원칙으로서 '참여'의 방향과 범위, 수준, 형태, 논쟁점 등에 대한 천착이 부족하여 '참여'에 대한 인식과 실천적 폭을 넓히지 못했던 것도 사실이다.

협약은 아동·청소년의 참여에 대해 어떻게 설명하고 있는가, 또한 제12조를 효과적으로 이행하는 방법은 무엇인가? 이에 대한 실마리를 유엔아동권리위원회 아동의 의견표명권(right of the child to be heard)[3]에 대한 일반논평 12호에서 찾아볼 수 있다.[4]

3) 유엔아동권리위원회 일반논평 제12호의 주제인 'right to be heard'는 아동·청소년이 의견을 자유롭게 표현하고 이를 존중받을 권리를 말하는 것으로, 아동의 의견표명권, 아동의 견해 존중, 청문권 등 여러 가지 용어로 해석되고 있는데, 본 글에서는 '의견표명권'으로 사용하고 큰 틀에서는 '참여'와 동일한 개념으로 이해하여 기술하였다.

4) 일반논평은 조약감시기구가 조약의 조문을 유권해석한 것으로 추상적인 조약의 내용을 해석을 통해 풍부하게 만들어 국제인권법의 형성과 발전에 기여한다. 일반논평은 그 자체가 구속력 있는 국제인권법은 아니나 해당협약에 대한 일반적 해석을 통해 인권조약의 구체적 내용이 무엇이냐를 선언함으로써 국제인권규범의 구체적 이행을 담보하는 데 중

2009년 7월 채택된 일반논평 12호는 2006년 아동의 참여권을 주제로 개최된 '일반토론의 날'의 논의 결과이다. 일반토론의 날에는 협약 제12조의 의미와 중요성, 제12조와 다른 조항들과의 관계, 조항과 현실의 차이, 실천사례 등에 대한 연구가 이루어졌으며 여기에는 아동의 의견, 위원회의 축적된 경험, 그리고 정부, 비정부기구, 지역단체, 개발기관, 아동들이 제12조의 권리를 실현하는 과정에서 얻은 중요한 전문지식과 경험이 포함되어 있다. 일반논평 12호의 내용을 통해 아동권리협약에서 말하는 '참여권'에 대한 이해를 도모하고, 참여의 세부내용과 영역을 개발・확장하기 위한 논의를 촉진할 수 있다(김영지, 2008: 1-3).[5)]

일반원칙으로서 제12조는 협약에 포함된 다른 모든 권리들의 해석 및 실행이 제12조의 원칙의 틀 안에서 이루어지도록 노력해야 함을 규정한다(para. 17). 즉 제12조는 협약의 다른 모든 조항들과 관련이 있는데 이는 아동이 각 조항들에 담겨 있는 권리들과 이 권리들의 실행에 대한 자기 의사의 주체로 존중받지 못한다면 이 권리들은 온전히 실현될 수 없기 때문이다(para. 68).

유엔은 협약 제12조를 통해 자신에게 영향을 미치는 모든 사안에 대해 자신의 의견을 자유롭게 표현할 수 있는 권리와 아동의 나이와 성숙도에 따라 의견을 존중받을 권리도 함께 규정하고 있다. 이는 회원국가가 이러한 권리를 인정해야 할 명확한 법적 의무를 부여하고 있는 것으로, 회원국가는 고유한 법률 시스템을 통해 직접적으로 이러한 권리를 보장하거나 법을 제・개정하여 아동이 이 권리를 최대한 향유하도록 해야 할 의무를 가진다(para. 15).

협약 제12조가 표현의 자유에 대한 제13조와 차별되는 특징의 하나는 회원

요한 역할을 한다(국가인권위원회 편역, 2006: 서문).

5) 이하의 내용은 협약 제12조에 대한 해설서라 할 수 있는 일반논평 제12호의 주요 내용들로, 표기된 출처는 일반논평의 문단번호이다.

국에게 아동이 자신에게 영향을 미치는 모든 활동과 의사결정 과정에 적극적으로 관여하는 데 필요한 법적 틀과 방법을 도입할 의무와, 표현된 아동의 견해를 존중할 의무를 지운다는 점이다. 제13조 표현의 자유는 그러한 회원국의 의무를 요구하지는 않지만 의견표명권의 효과적인 행사에 중요한 전제조건이며 동시에 제12조에 따라 아동의 의견표명권을 존중하는 환경을 창출함으로써 제13조의 표현의 자유권을 행사하는 역량을 키우는 데 기여할 수도 있다(para. 80-81).

협약 제12조 문구에 대한 해석은 참여권 이행의 철학과 방법에도 시사점을 준다. 협약 제12조 1항은 "자신의 견해를 형성할 능력이 있는(capable of forming his or her own views)" 아동에 대해 의견표명권을 보장할 것을 언급하고 있는데, 이 문구를 제약조건으로 해석해서는 안 된다. 아동에게는 의사를 형성할 능력이 있고 그 의사를 표현할 권리가 있다는 가정을 전제해야 하며 아동이 먼저 의견표명 능력을 증명해야 할 사항이 아니다(para. 20). 또한 아동권리위원회는 제12조가 아동의 의견표명권에 나이 제한을 두지 않는다는 점을 강조하며, 언어 표현이 어려운 어린 아동의 경우도 놀이, 몸짓, 얼굴 표정, 낙서나 그림과 같은 비언어 형태의 의사소통방법을 인식하고 존중해야 함을 명시하고 있다(para. 21). 특히 자신의 의사를 표현하는 데 어려움을 겪는 아동의 의견표명권 보장 노력이 필요한데, 예를 들어 장애 아동은 의사 표현에 필요한 모든 형태의 의사소통 도구를 제공받아야 하며, 소수인종, 원주민 및 이민자, 해당국가의 언어를 말할 수 없는 아동 등의 의견표명권 존중을 위한 노력이 필요함을 강조한다.

제12조 1항의 "자신의 견해를 자유롭게 표현할 권리(the right to express those views freely)"와 관련하여서는 부모나 보호자, 기타 아동의 의견을 물

을 책임이 있는 사람들로부터 사안, 선택사양, 가능한 선택, 선택의 결과 등에 대해 정보를 제공받는 것이 중요하다. 아동이 명확한 결정을 내리기 위해서는 그 전제조건으로 정보에 대한 권리가 필수적이라는 것이다(para. 25). 이는 정보접근권에 대한 협약 제17조와도 관련되는데 아동이 의견표명권을 효과적으로 이행하기 위해서는 자신의 권리, 아동과 관련된 모든 행정, 사법적 절차, 입법, 규정 및 정책, 지역사회 서비스, 항소 및 진정 절차에 관한 정보 등의 습득이 전제조건으로, 학교 교육과정에 아동의 권리가 포함될 필요가 있음을 제시하고 있다(para. 82).

여기에서 아동이 자신의 견해를 "자유롭게" 표현할 권리란 부당한 압력에 따르거나 조정당하지 않고 표현할 수 있어야 하며 의견표명권을 행사할지 여부를 스스로 결정할 수 있음을 의미한다(para. 22). 또한 의견표명이 가능한 환경을 마련하고 아동이 의견을 말할 때 존중받고 안전하다는 느낌을 받는 환경을 보장해 주어야 한다(para. 23). 위협적이고 적대적이며 아동의 나이에 맞지 않거나 이를 고려하지 않는 환경에서는 아동이 효과적으로 의견을 표현하기 어렵다. 사법, 행정 절차에 아동이 접근할 수 있어야 할 뿐 아니라 아동에게 적합해야 한다. 예를 들어, 사법절차와 관련해서는 아동에게 친화적 정보, 자기변호에 필요한 적절한 지원, 적절하게 훈련받은 직원, 법정 디자인, 판사와 변호사의 의복, 시야 가리개, 독립된 대기실 등을 제공하는 데 특별한 관심을 기울여야 한다(para. 34).

"아동의 연령과 성숙도에 따라 정당한 비중이 부여되어야(being given due weight in accordance with the age and maturity of the child)"라는 1항의 문구와 관련하여 아동의 의견을 단순히 청취하는 것으로는 불충분하며 아동이 자신의 견해를 형성할 능력이 있을 때 아동의 의사가 진지하게 고려되어야 함을 강조한다(para. 28). 특히 아동의 이해 수준이 생물학적 나이에 획일적으로 연결되는 것은 아니며 아동이 견해를 형성하는 능력을 개발하는 데는 정보, 경험, 환경, 사회문화적 기대치 및 아동이 지지받는 수준 등이 모두 관련되므로 아동 의견의 중요성을 나이로만 결정할 수 없음을 명확히 하고 있는 점(para. 29), 그리고 아동의 역량은 시간이 지남에 따라 발전한다는 점을 고려하라는 지적(para. 31)은 아동·청소년 참여 실행과정에서 중요하게 인식해야 할 사항이라 하겠다.

제3절 의사결정과정에의 아동·청소년 참여의 실제

아동·청소년의 의사결정 참여는 이들에게 영향을 미치는 모든 사안과 관련되므로 다양한 삶의 영역에서 실행 노력이 고민될 필요가 있다. 즉 아동은 보건, 경제, 교육, 문화, 환경 등 다양한 분야와 관련되며 생활영역으로는 가정, 학교, 지역사회 등 다양한 장면에서 참여의 가치 실천 문제와 맞닥뜨리게 된다. 또한 아동에게 영향을 미치는 모든 사법적, 행정적 절차와 관련되므로 다양한 법과 제도적 절차 적용과정에서도 참여의 철학이 어떻게 실현될 수 있는지 고민이 필요하다.

예를 들어 사법적 절차와 관련하여 부모의 이혼, 아동양육권, 아동보호와 입양, 법을 어긴 아동, 신체적·심리적 폭력, 성적 학대, 기타 범죄피해 아동, 보건의료, 사회보장, 부모 비동반 아동, 난민신청 및 난민 아동, 무력충돌 및 기타 비상사태의 희생자 등에 대한 모든 절차에 아동의 의견표명권이 적용된다. 전형적인 행정절차에는 아동의 교육, 건강, 환경, 생활여건, 또는 보호 등에 대한 의사결정이 포함된다. 또한 의견표명권은 학대에 대한 아동의 진정이나 학교 퇴학에 대한 항소 등과 같이 아동이 제기한 절차뿐만 아니라 부모의 이혼이나 입양과 같이 다른 사람이 제기했지만 아동에게 관련된 사안의 절차에도 적용된다(UNCRC, 2009: para. 32-33).

유엔아동권리위원회 일반논평 제12호에서는 아동의 의견표명권은 아동이 성장하고 배우는 다양한 환경과 상황에서 행사되어야 함을 강조하며, 가족, 대리보호, 보건의료, 교육과 학교, 놀이·레크리에이션·스포츠·문화활동, 직장, 폭력상황에서, 예방전략의 개발에서, 이민과 보호 요청 과정에서, 비상상황에서, 그리고 국가적 상황과 국제적 상황에서 아동·청소년 참여 실천과제를 제시하고 있다(UNCRC, 2009).

본 글에서는 가정상황, 학교상황, 의료상황, 그리고 정책과정참여 영역 등에서 참여에 대해 살펴본다.

1) 가정상황과 의사결정 참여

가정은 민주사회에서의 시민 역할을 익히는 가장 기본적인 장으로, 아동이 자기 의사를 자유롭게 표현하고 의견을 일찍부터 존중받는 가정 분위기는 아동이 보다 큰 사회에서 의견표명권을 행사하는 데 좋은 준비과정이 된다(김영인, 2013: 162; UNCRC, 2009: para. 90-91). 협약 제5조에서 언급하고 있듯이 부모는 아동의 권리를 행사하는 데 방향과 지도를 제공할 책임과 권리와 의무를 가지고 있으므로 자녀의 참여에 대한 부모의 인식과 태도는 중요하다. 유의할 점은 이러한 부모의 권리와 책임은 아동이 자신의 권리를 행사하는 것을 돕기 위한 것이며, 성장하는 아동의 능력에 맞추어 활용되어야 한다는 점이다.

가정에서의 의견존중에 대한 초·중고등학생 대상 조사에 따르면, 진로·상급학교 진학결정, 집안의 중요한 문제결정, 공부시간이나 방법 등의 결정상황에서 부모가 자녀의 의견을 존중한다는 응답은 80% 내외로 높게 나타났다(김영지, 김경준, 이민희, 김지혜, 2013). 그러나 이는 10명 중 2명 내외의 아동·청소년은 가장 기본적인 생활공간인 가정에서조차 자신의 의견을 존중받지 못하고 있는 현실의 반영이기도 하여 아동·청소년의 인권과 참여, 가정 내 민주적 의사결정, 자녀와의 의사소통방법 등에 대한 부모교육이 필요함을 보여준다. 특히 모든 문항에서 양부모가정 아동·청소년인 경우, 학업성적과 경제적 수준이 높은 경우일수록 존중받는다는 응답률이 높게 나타나 가정에서의 참여증진 대책에도 취약계층에 대한 특별한 관심이 필요함을 알 수 있다.

위 조사결과, 집안의 중요한 문제결정이나 진로·직업 결정 시 자녀 의견 존중도의 경우 초등학생이 고등학생과 중학생보다 높게 나타났는데, 이는 부모가 자녀를 지도할 때 자녀가 자라면서 역량이 성장한다는 점을 고려해야 한다는 유엔아동권리위원회의 권고를 되새겨볼 필요를 제기한다. 부모와 보호자 등은 아동·청소년의 지식, 경험, 이해도가 증가할수록 방향 제시와 지도를 자문과 조언으로 전환하고, 아동·청소년이 자신의 의사를 표현하도록 격려해 가면서 점차 동등한 지위에서의 의견 교환으로 전환해 나가야 한다(UNCRC, 2009: para. 84).

한편 여러 가정 상황과 관련된 사법적, 행정적 절차에서의 아동 의견표명권을 보장하고 확대해가는 노력이 필요하다. 2007년 12월 민법 개정을 통해 아동의 부모면접교섭권을 인정함으로써 2008년 10월 협약 9조 3항에 대한 유보를 철회한 것은 유엔아동권리위원회도 긍정적으로 평가하였다. 그러나 이혼과 입양 등 친권과 양육권 결정과정에서 자녀 의견을 반영하는 연령이 13세 이상으로 제한되어 있어 13세 미만 아동은 가정과 관련한 중요한 결정과정에 자신의 의견을 반영하는 제도적 절차가 없는 상황이다.

최근 대법원 법원행정처에 설치된 가사소송법 개정위원회가 의결한 '가사소송법 전부개정법률안'은 미성년자가 직접 친권 박탈 청구 가능, 대리인 없이 파양 청구 가능, 친권자나 양육자 결정 시 자녀의 나이와 상관없이 법원은 자녀의 의견 의무적 청취, 재판 절차에서 미성년 자녀를 도와주는 절차 보조인 제도, 이혼 후 안정적이고 자발적인 면접교섭이 진행될 수 있는 면접교섭 보조인 제도 등의 내용을 담고 있어(대법원, 2015. 2), 아동의 참여권을 증진하는 방향의 사법절차 개선이 기대된다.

2) 학교상황과 의사결정 참여

2013 아동·청소년 인권실태조사 결과 많은 학생들이 학업부담으로 스트레스를 받고 있으며, 학교공동체의 일원으로서 학교생활과 관련된 사안에 의견을 표명하고 행복한 학교생활을 만들어 나가는 데 영향을 미칠 수 있는 학생자치활동은 부족한 것으로 나타났다(김영지, 김경준, 이민희, 김지혜, 2013). 69.3%(일반고는 87.2%)의 학생들이 학업문제로 인한 스트레스를 받고 있다고 응답하였고, 행복하지 않은 가장 큰 이유는 학업부담(37.3%)이었다. 절반가까이가 학교에 가고 싶지 않다는 생각을 했고, 그 가장 큰 이유는 학교수업이 싫어서(70.4%)로 나타났다. 학교규칙 제·개정 시 학생 의견이 반영되는 비율은 54.6%, 그리고 교사나 교장의 간섭 없이 자율적인 학생회 활동을 하는 경우가 14.5%로 그렇지 않은 경우(28.8%)의 절반(잘 모름 56.7%)이었으

며, 학생회가 학교운영위원회에 참여하여 의견을 발언할 수 있는 경우는 18.1%(잘 모름 66.0%)로 나타났다.

학생자치활동 활성화는 아동권리협약 제12조(참여권)의 학교 내 실현을 위한 주요 과제로서, 학생자치활동을 통한 자아의 발견 및 역량 강화, 민주적 의사결정을 통한 변화와 실천의 경험, 또래 간 및 학생 - 교사 간의 존중과 민주적 소통 과정 등이 즐거운 학교, 가고 싶은 학교를 만들어 나가는 데 기여할 수 있다. 또한 자치활동 활성화를 통해 학생들의 민주시민역량을 강화시킬 수 있으며 학생 참여를 통한 학교문화 개선으로 상호존중과 배려, 소통 중심의 학교를 만들어 나갈 수 있다. 한국의 아동·청소년 대다수는 학생이므로 학생자치활동 활성화를 통해 학생 참여권을 증진하고 인권친화적 학교문화를 만듦으로써 아동·청소년의 참여권 확대에 실질적으로 기여할 수 있다.[6] 유엔아동권리위원회는 학교에서의 아동·청소년 참여를 통해 협동심과 상호지지의 정신을 고양할 수 있으며, 아동 의견 존중을 통해 차별과 집단따돌림 예방에도 기여할 수 있음을 밝히고 있다(UNCRC, 2009: para. 109).

학생참여 활성화를 위해 학생자치활동 관련 학교규칙 내용 및 준수여부 모니터링 강화가 필요하다.

현행 교육관련법은 학교에서 학생 인권과 자치활동 보장 관련 조항을 가지고 있음에도 불구하고 학교 현장에서 이를 학교규칙에 반영하지 않거나 제대로 실천하지 않아 학생 자치권이 제한받는 경우가 많다. 교육기본법 제12조

6) 국가인권위원회는 2009년 인권친화적 학교문화 조성을 위한 지침을 발표한 바 있다. 인권친화적 학교란 권리의 존엄한 주체로서 학생을 바라보는 학교, 참여와 결정을 존중할 수 있는 학교, 자유의 행사를 통한 책임 있는 삶을 배우는 학교, 차이를 존중하고 차별이 없는 학교, 학생 중심적인 교육을 실현하는 학교, 총체적 삶에 대한 돌봄이 있는 학교, 올바른 징계기준과 권리구제 절차가 마련된 학교, 교사의 전문적 지위를 존중하고 역량 강화에 노력하는 학교 등이다(국가인권위원회, 2009).

는 학생의 기본적 인권은 학교교육 과정에서 보호된다고 규정하고 있고, 초·중등교육법 제18조의4는 학교 운영자는 「헌법」과 국제인권조약에 명시된 학생의 인권을 보장할 것을 명시하고 있다. 동법 제17조는 '학생의 자치활동은 권장·보호되며, 그 조직과 운영에 관한 기본적인 사항은 학칙으로 정한다'고 규정하고 있으며, 학교규칙에 대한 초·중등교육법 시행령 제9조 4항은 학칙 제·개정 시 학생, 학부모, 교원의 의견청취를 의무화하고 있다. 학교운영위원회에 대한 동법 제59조의4에 따르면 국·공립학교 운영위원회 회의에 학생대표가 참석하여 의견을 말하고 학생들의 의견 수렴결과를 제안할 수 있다.

교육부와 시·도교육청은 법에 규정된 학생의 자치권과 참여권이 보장되고 있는지 학교규칙 제·개정 현황과 준수여부를 모니터링하고 우수학교에 대한 인센티브 부여 및 미흡학교 학교장 및 생활지도 담당 교사 대상 교육·연수와 지도·감독을 강화할 필요가 있다. 또한 다양한 우수사례 발굴·홍보를 통해 학생자치활동 우수사례가 전국적으로 보급될 수 있도록 한다.

학생자치활동 연구학교 운영(학생회 및 동아리 등 자치조직의 자율성 보장 및 자치공간과 예산 지원 등)을 통한 자치활동 혁신사례 발굴·확산 및 모든 학교에의 학생자치예산 지원 등이 필요하다.

학생자치와 참여의 실현을 위해서는 학생의 자유로운 의사 표현의 보장 여부, 학교운영에 관한 충분한 정보 제공 여부, 공식적인 학생참여 통로 마련 여부, 학생들의 자치 공간 마련 여부, 자율적인 모임 운영 가능 여부 등이 모니터링되어야 한다. 또한 학생회와 관련하여 학생회 임원 선출과정의 민주성 및 자율성과 학생회의 자율적 권한 보장(학교규칙 제·개정 발의권, 학생회 활동 공간과 예산 및 비품을 제공받을 권리, 학생회 예산안과 결산 심의·의결권, 학생에게 영향을 미치는 중요사항에 대한 학생회 의결사항을 학교당국에 전달하고 책임 있는 답변을 들을 권리, 학교운영위원회 참여권, 불필요한 사전 · 사후 승인 절차로 부당한 간섭을 받지 않을 권리 등)이 중요하다. 학생 자치활동 활성화의 방안으로 이러한 모니터링 지표에 따른 자치활동 우수학교를 선정 · 운영함으로써 다양한 자치활동 성공사례와 시사점을 도출하여 이를 확산하도록 한다. 더불어 모든 학교에서 학생자치조직에 대한 관심을 갖고 자치활동을 실천함으로써 자치문화를 조성해 나갈 수 있도록 학생자치예산 지원을 연차적으로 확대 · 실시하도록 한다.[7)]

더불어 학생징계와 관련하여 의견진술 기회 부여 및 재심청구에 관한 절차가(초중등교육법 제18조, 제18조의 2, 3) 잘 지켜지고 있는지 등을 비롯하여 학교생활 및 교육 관련 다양한 의사결정과정에의 참여에 대한 점검이 필요하다.

3) 의료상황과 의사결정 참여

아동들은 태어날 때 하얀 '백지상태(tabula rasa)'인가? 사실 오랫동안 존 로크(John Locke)의 교육 철학의 영향으로 아동들은 정신적 백지상태이므로 부모와 교사들이 이 백지와 같은 아동들의 정신을 양육과 교육을 통해 채워 나가고 형성해 나간다고 인식되어 왔다. 하지만 현대에는 갓 태어난 신생아에게도 엄청난 능력이 이미 내재되어 있음이 밝혀져 있다. 그들이 '무능력자'로 출생하는 것이 아니라 이미 많은 '능력을 갖춘' 존재라는 것이다. 따라서 부모, 양육자 및 교사는 백지 상태의 영유아들이 아니라 이미 '상당한 능력을 보유한' 존재들의 선천적 능력을 적절하고 올바른 방향으로 성장 및 발달해 나가도록 지도, 감독하는 역할을 하는 것이다.

---

7) 학생 자치활동 활성화 대책과 관련하여 경기도교육청과 서울시교육청에서 다양한 지원계획이 수립 · 시행되고 있다(경기도교육청, 2013; 서울시교육청, 2015).

구체적으로, 신생아는 이미 태어날 때부터 여러 면에서 상당한 능력을 갖추고 있다는 것은 이미 널리 알려진 사실이다(Feldman, 2013; Shaffer and Kipp, 2010: 161-193). 예를 들면 신생아는 여러 가지 '반사능력(reflex)'을 나타낸다. 반사능력에는 빨기 반사(sucking reflex), 삼키기 반사(swallowing reflex), 따라가기 반사(rooting reflex) 등이 있다[8]. 그 외에도 신생아에게 시각, 청각, 미각, 후각 및 촉각이 상당한 정도로 발달되어 있다는 것이 여러 연구를 통해 이미 잘 알려져 있다. 그들의 시각을 통한 모방행동에 대한 연구, 후각으로 모유를 구별할 수 있는 능력, 촉각에 의한 접촉의 중요성 등이다. 초기 학습능력에 대해서도 고전적 조건화(classical conditioning), 조작적 조건화(operant conditioning), 습관화(habituation)의 기전을 통해 학습의 초기 형태가 신생아에서 이미 이루어지고 있음도 잘 알려져 있다. 또한 신생아의 사회적 유능성에 대해서도 그들이 단지 수동적인 애착 형성의 대상이 아니라, 부모 또는 양육자와 능동적인 상호작용을 유도하고 관계를 형성하기 위한 능력을 이미 내재하고 있음이 밝혀져 있다.

즉 예전에 아동들은 소위 '백지상태'로 태어난다는 관점에 의한 것은 그동안 신생아를 포함한 영유아 발달에 대한 연구와 경험이 부족하여 빚어진 무지라고 할 수 있고 과학의 발달로 인하여 더 이상 이러한 관점을 유지할 수 없다. 이런 변화를 가장 상징적으로 보여주는 한 사례가 있는데, 예전에 신생아가 출생 직후에 포경수술(circumcision)을 시행할 때, 그들은 통증(pain)을

8) 빨기 반사(sucking reflex), 삼키기 반사(swallowing reflex), 따라가기 반사(rooting reflex) 등은 모두 생존을 위한 음식물 섭취와 관련한 것으로 빨기 반사는 입에 자극을 주면 자동적으로 빠는 행동이 나타난다. 삼키기 반사는 삼킬 수 있는 것이 목에 닿으면 삼키는 반사행동이며 따라가기 반사는 입 주위에 자극이 주어지면 그 자극을 따라 고개가 움직여지며 따라가는 행동을 나타낸다.

느끼지 못한다고 판단하여 별도의 마취 없이 수술을 하는 것이 일반적인 관례였다. 하지만 신생아에 대한 이해가 깊어지면서 이들도 통증을 느낄 수 있다는 것이 밝혀졌고 더 이상 마취 없이 시행하는 포경수술은 시행되지 않고 있다.

● 사례: 의료상황에서 아동의 의견 청취

14세 남자 중학생이 지능지수(I.Q.) 65로 경도의 정신지체 수준으로 병원을 방문하였다. 아동의 문제행동(집중력 저하, 과격/난폭행동, 사회적 상황에서의 심한 불안 및 자신감 저하 등)으로 학교 적응에 상당한 어려움을 가지고 있었다. 아동의 상태를 설명하면서 약물치료의 필요성에 대해 언급하고 이에 대해 아동과 상의하도록 하였다. 부모는 "아이와 상의해 보도록" 하는 의사의 권고에 대해 매우 의아해 하였다. "지적장애를 가지고 있는 '어린애'한테 무슨 의견을 묻고 상의해보라고 하는가?" 하는 태도를 보였다.

이러한 경우는 사회적으로 매우 흔한 경우라고 할 수 있다. 우선 부모들은 많은 경우 자녀가 초등학교 고학년, 심지어 중학생인 경우에도 지칭을 '어린애'로 하는 수가 많다. 우리 사회에서 '어린애'라고 하는 경우는 아직 미성숙하고(immature), 독립적이지 못하며(independent), 거의 전적으로 부모가 보살펴야 하는(nurturing) 존재로 생각하는 것을 반영한다. 필자는 의료현장에서 부모는 물론 의료진들도 이런 태도로 임하는 것을 너무도 흔히 경험한다. 아직 사회적으로 아동들의 자기결정권을 인식하는 단계는 매우 부족한 것을 관찰하게 되는 것이다. 사례에서와 같이 약물치료를 포함한 치료 여부를 결정하는 단계에서 아동은 배제되는 것이 오히려 일반적인 편이다. 심지어 아동은 수술 여부를 결정할 때도 아무런 설명이나 동의 절차가 없이 부모를 포함한 양육자가 일방적으로 결정해 버리고 만다. 하지만 이러한 결정이 아동 최선의 이익 원리에 부합하지 않는 경우가 자주 나타나기 때문에, 아동들의 성장/발달 과정에서 자기결정권에 대해 참여하고, 자기결정권에의 참여에 대한 경험을 하고 교육을 받는 것은 매우 중요하다.

이와 관련한 극명한 사례가 실험연구의 참여에 있어서 부모의 동의(consent)와 아동의 승인(assent)으로 나누어 명문화한 예이다. 부모는 항상 선의(善意)를 가지고 있고 아동 최선의 이익을 반영할 것이라고 생각해 왔지만, 아동학대 등을 통해 반드시 그렇지만은 않다는 것이 밝혀지면서 아동 자신의 의사결정 참여에 대한 중요성이 대두되게 된 것이다. 실험연구에서 악명 높은 윌로우브룩 치료학교에서의 연구사례를 보면 부모들의 동의(consent)만 가지고는 부족할 수 있다는 교훈을 얻을 수 있다. 따라서 비록 어린 아동의 경우에도 그들이 이해할 수 있는 의사소통방식을 통해 그들의 승인을 얻는 것이 필요하다고 연구윤리에서 명시하고 있다. 아직은 생소한 개념이지만 점차 확산되어가고 있고, 강화되고 있는 상황이다(한국아동권리학회 편, 2005: 45-75).

유엔아동권리위원회는 아동의 안전과 복지에 필요한 경우 아동의 나이에 관계없이, 그리고 부모의 동의 없이도 진료 상담이나 의사 소견에 대한 정보를 얻을 수 있도록 보장하는 법규를 도입할 필요가 있음을 언급하고 있다. 특히 가정폭력이나 학대 상황이나 의료 서비스에 대해 부모와 갈등관계에 있는 경우 이러한 정보가 필요하다는 것이다. 또한 의사와 의료시설은 아동에게 의료적 연구와 임상 실험에 참여할 수 있는 권리에 대해 명확하고 쉬운 정보를 제공해야 한다(UNCRC, 2009: para. 101, 103).

이같이 자율적 권리주체로서의 아동에 대한 인식은 점차 높아지고 있다. 하지만 이들의 권리와 관련한 실제에서 이들의 유능성(competency) 문제가 다시 대두되게 된다. 일반적으로(법적인 것을 포함하여) 유능성은 14세 이상의 연령에서 가능하다고 간주하고 있다.[9] 아동은 연령이 증가하고 인지능력이 발달해감에 따라 자신과 관련한 사항을 이해하고, 의사결정을 할 수 있는 유능감이 증가하게 된다(Graham, 1994). 아동의 권리와 관련하여 아동이 어떠한 사항에 대한 결정을 올바로 내리고 적절한 선택을 하는지 '아동의 유능성' 여부를 판단하게 된다. 아주 어린 영유아의 경우 혹은 학령기 초기에는 크게 충돌하지 않지만 학령기 후기 내지 청소년기에는 이들이 충돌하는 수가 적지 않다. 유능성(competency)은 흔히 능력(capacity), 성숙도(maturity), 자발성(voluntariness), 성숙한 미성년자(mature minor) 등 용어가 혼동되어 혹은 거의 동일한 개념으로 사용되고 있다. 때로 유능성을 객관적으로 평가할 필요가 있는데, 체계적인 평가절차에서 다음의 요소들, 1) 지식(knowledge), 2) 교육가능성(educability), 3) 인지능력(cognitive capacity), 4) 자기결정능력(capacity for self-determination), 5) 자유로운 감정표현(emotional freedom) 등을 고려하여 평가할 것을 제안하기도 한다(Nurcombe & Partlett, 1994: 39-71).

유능성과 관련한 논의로, Roger Hart는 의사결정을 하는 데 있어 아동의 능동적 관여의 정도를 '참여의 사다리(ladder of participation)'모형으로 설명하고 있기도 하다(Hart, 1992). Hart는 Sherry Arnstein의 시민참여의 사다리 개념을 도입하여 청소년 참여의 단계를 설명하였다. 국내에서 아동 및 청소년

9) 청소년과 성인의 능력에 대한 국내 연구에서도 Piaget의 인지발달이론, Kohlberg의 도덕성발달이론, Moshman의 논리적 추론능력 발달 연구결과 등을 살펴본 결과, 대부분의 인지능력이나 도덕성, 자율성 등은 주로 10대 초반(11~12세경)에 이미 성인 수준의 발달을 완료하는 것으로 나타났으며, 이에 따라 권리행사를 위한 대부분의 합리적 판단능력이 10대 초반에서 중반에 걸쳐 완성된다고 밝힌 바 있다(최윤진, 1999).

의 권리와 관련하여 어떠한 형태의 의사결정이 바람직한 것인지를 논의할 때 그의 모형이 많이 인용되고 있다. 반드시 이 참여의 사다리에서 가장 높은 단계가 바람직하다고 주장하는 것은 아니지만, 적어도 아동들의 의사결정을 위해 아동과 성인들의 관계를 되돌아보도록 하는 데는 필요하다.

실제 보육이나 교육현장에서 급식시간에 식사지도를 하는 데 있어서 올바른 식습관을 "가르쳐야" 하는 교사와 먹고 싶은 것을 "자기 마음대로 먹고 싶은" 아동 사이에서 어떻게 균형 맞추어야 할 것인지 여부가 권리 관련 사례로 다루어지듯이(보건복지가족부, 2009: 52). 이러한 것들은 보육 및 교육 현장에서 일상적으로 매우 흔히 부딪치는 문제들이다. 다양한 일상에서 아동을 권리의 주체로 인식하는 관점에서 이를 어떻게 실천해 나갈 것인지의 문제는 매우 중요할 수 있다.

4) 지역사회 및 정책결정과정에의 의사결정 참여

유엔아동권리위원회는 지역청소년의회, 시 아동위원회 등과 같은 지역단위 참여기구와 그 외 지역사회 의사결정과정에서 아동·청소년이 자신의 견해를 표현할 수 있는 자문프로그램 등의 활성화를 권장한다.

우리사회에도 아동·청소년의 정책과정 참여를 위해 청소년참여위원회, 청소년운영위원회, 청소년특별회의, 아동총회 등의 참여기구들이 설치·운영되고 있다(여성가족부, 2014).

청소년참여위원회는 여성가족부 및 지방자치단체에 설치·운영되는 기구로 청소년정책의 형성·집행·평가과정에 청소년의 주체적 참여를 제도화하기 위해 청소년기본법에 근거규정을 두고 있다.[10] 청소년들은 정기·임시회의를 통한 정책 모니터링, 청소년 의견제안과 정책자문, 각종 토론회 및 워크숍 개최, 리더십 훈련프로그램 참여 등의 활동을 하고 있다. 2014년 6월 현재 전국 총 189개가 운영되고 있는데 지방자치단체마다 10~30명 규모로 다양하게 구성되어 있으며, 총 3,790명의 청소년이 활동 중이다.

전국의 생활권 청소년수련시설(청소년수련관, 청소년문화의집)에는 시설의 사업, 프로그램 운영과 관련된 의사결정 과정에 청소년이 참여할 수 있도록 '청소년운영위원회'가 설치·운영되고 있는데, 이는 2004년 청소년활동진흥법 제정으로 법적 근거가 마련되면서 급속도로 설치가 확대되었다.

청소년운영위원회의 설치목적은 청소년수련시설을 이용하는 청소년의 의견과 욕구를 반영하여 청소년수련시설이 청소년 중심으로 운영될 수 있도록 하기 위한 것이다. 현재 청소년운영위원회는 청소년수련시설의 심의·평가 등을 통해 시설 운영 전반에 참여함은 물론 프로그램의 직접 기획·운영, 청소년대표로서 각종 지역사회 청소년 관련 행사 참가 등 다양한 활동을 전개하고 있다. 2013년 12월 기준, 전국 17개 시·도의 416개 생활권 수련시설 중 305개의 시설에 설치되어 전국 약 4,500여 명의 청소년이 활동하고 있다.

청소년특별회의는 청소년기본법 제12조에 의거 17개 시·도 청소년대표 및 청소년 전문가들이 연간 토론과 활동을 통해 청소년의 시각에서 청소년이 바라는 정책과제를 발굴하고, 소관부처에 건의하여 정책화하는 청소년 참여기구이다. 이 회의는 2004년 시범사업을 거쳐, 2005년 청소년기본법에 근거

10) 제5조의2(청소년의 자치권 확대) ① 청소년은 사회의 정당한 구성원으로서 본인과 관련된 의사결정에 참여할 권리를 가진다. ② 국가 및 지방자치단체는 청소년이 원활하게 관련 정보에 접근하고 그 의사를 밝힐 수 있도록 청소년 관련 정책에 대한 자문·심의 등의 절차에 청소년을 참여시키거나 그 의견을 수렴하여야 한다. ③ 국가 및 지방자치단체는 청소년과 관련된 정책 수립 절차에 청소년의 참여 또는 의견 수렴을 보장하는 조치를 하여야 한다.

규정이 마련되면서 매년 정기적으로 개최되고 있다.

2014년에는 청소년 175명과 전문가 등 총 200여 명이 참여하여 4개 영역 31개의 세부과제를 본회의에 상정하여 채택하였다. 2005년부터 2013년까지 9년간 제안된 357건의 정책과제를 모니터링한 결과 88.5%인 316건의 정책과제가 정부 청소년정책에 수용된 것으로 나타났다.

아동총회는 2002년 유엔 아동특별총회에 참석하여 외국아동들의 활발한 참여 동향을 접한 한국 아동대표들이 아동총회 개최를 요구하여 이를 정부와 민간이 받아들여 2004년부터 매년 개최되고 있다.

아동총회는 전국의 아동대표들이 모여 아동과 관련된 문제들에 대해 토론하고 그 결과를 정부에 건의하는 행사이다. 청소년특별회의가 주로 고등학생과 대학생이 참가하는 데 비해 아동총회는 초등학생과 중학생이 참가하고 있다. 아동총회는 응모를 통해 선발된 100명과 시·도별 및 분야별 아동단체 추천으로 구성된 50명 등 총 150명의 아동대표들로 구성된다. 아동총회는 장기적으로 지역기반을 구축하여 아동 지역의회로 발전하고자 하는 비전을 가지고 있다.

여성가족부의 '청소년참여 지역사회변화프로그램'은 자신이 거주하는 지역사회의 문제점들을 인식하고 이를 개선하기 위한 프로그램을 청소년이 직접 기획·실천하는 사업이다. 2007년부터 시작된 사업으로 청소년에게 사회구성원 관계 개선, 지역사회 개발·개선, 청소년권익 개선, 친화적 환경 등 지역사회의 변화를 이끌어 낼 수 있는 활동을 제안받고 프로그램 사업비를 지원한다. 2010년 공모를 통해 청소년 관련 기관을 지원하던 '참여공모프로그램'과 통합하여 '청소년참여 지역사회변화프로그램'으로 명칭이 변경되었다. 2014년에는 공모를 통해 70개 팀에 사업비를 지원하였다.

참여기구 청소년들은 참여기구 활동의 필요성을 인식하고, 활동 후 사회를 보는 시각과 공동체의식이 확대되었다는 긍정적 변화를 경험하였지만 의도한 바를 이루지 못한 허탈감이나 공부시간 부족 등의 제한점을 인식하는 청소년도 있는 것으로 나타났다. 청소년 참여기구 활동의 장애요인으로는 시간부족, 참여기구 활동에 대한 정보부족, 활동방법에 대한 인식부족, 의견반영 미흡 등이 지적되었다. 청소년 참여기구 활성화를 위해서는 참여 청소년과 담당지도자의 역량강화, 참여기구 우수사례 발굴 및 전파, 예산지원 강화, 청소년참여 효과 검증 및 평가체계 확립 등의 노력이 필요하다(최창욱, 전명기, 2013).

한편 유엔아동권리위원회는 아동·청소년 참여기구 활성화를 권고하면서도 이러한 구조는 상대적으로 소수의 아동·청소년만 지역사회에 참여할 수 있는 방법이므로 여러 가지 참여방법 중의 하나여야 하며 다양한 참여기회와 프로그램들이 개발·시행되어야 함을 강조한다(UNCRC, 2009: para. 127). 1998년부터 청소년정책 분야에 청소년참여기구가 설치·운영되어 왔으나 참여기구가 무엇인지 알고 있는 경우는 9.3%에 불과했고, 들어본 적 없는 경우는 과반수가 넘었다(62.4%)는 결과를 볼 때(김영지, 김경준, 이민희, 김지혜, 2013), 다양한 참여프로그램과 기회 확대가 중요함을 알 수 있다.

제4절 아동·청소년 참여 활성화의 과제

청소년참여에 대한 조사결과, 우리사회에서 참여가 어려운 이유로는 청소년을 미성숙한 존재로 보는 사회의 편견(35.7%)과 시간 부족(31.5%)이 가장 많게 나타났다(김영지, 김경준, 이민희, 김지혜, 2013). 1990년대 중반 우리

사회에서 청소년참여 논의가 대두되기 시작한 이래로 많은 조사결과 아동·청소년 참여의 최대 장애요인은 항상 "아동·청소년을 미성숙하고 무능력한 존재로 보는 성인의 인식"이었다.

협약 제12조 "자신의 견해를 형성할 능력이 있는 아동"이라는 문장에서 과연 아동·청소년이 적절하게 자신의 견해를 형성할 수 있는 능력을 갖춘다는 것이 어떤 시점에 어떻게 이루어질 수 있고, 그것을 어떻게 판단하고 어떻게 적절하게 반영할 수 있을 것인가. 앞에서 언급했듯이 최윤진(1999)은 특정 연령으로 청소년의 권리 허용과 제한을 하는 것이 정당하지 않으며, 청소년이 성인보다 능력이 부족하지 않다는 점, 그리고 권리행사 경험 없이 권리행사에 필요한 능력 획득과 성숙이 가능하지 않다는 주장을 펴면서 청소년에 대한 권리제한 논리의 부당성을 주장한 바 있다.

협약 12조 1항 "the child who is capable of forming his or her own views", "in accordance with the age and maturity of the child"라는 표현에서 이러한 문제를 제시하고 있다. 일반논평 제12호에서 다루었듯이 협약은 아동이 자유롭게 견해를 밝히는 것에 대해 연령제한을 두지 않는 것을 원칙으로 하고 있다. 그리고 아동의 권리에서 자기결정권(rights to self-determination)을 제공한다기보다는 의사결정에의 참여(involvement in decision-making)를 강조하고 있다. 협약 제5조 및 14조에서도 마찬가지로 의사결정에 대한 아동의 발달능력(developing capacity)을 존중할 필요성에 대해 강조하고 있다(Unicef, 2007). 우리나라에서도 아동 및 청소년과 관련한 문제에서 '아동의 의견표명권(견해를 들어줄 권리)(right of the to be heard)' 보장의 연령 제한을 두고 있으나 협약에서는 연령 제한을 두지 않고 아무리 연령이 어린 아동이라고 하더라도 반드시 그 아동의 견해를 듣도록 해야 하며, "어떤 방식으로, 어떻게 듣는가"하는 문제와 아동이 자신의 견해를 말할 수 있도록 지원하고 그러한 능력을 키워주는 것이 중요함을 강조하고 있다.

세계적으로 아직 아동·청소년의 참여 수준은 미흡한 편이다. 예를 들면 폴란드는 "가정 내외에서 아동의 위치와 관련하여 폴란드의 관습과 전통에 따라, 부모의 권위를 고려하여 시행할 것이다"라고 하여 아동참여를 규정한 협약 제12조를 유보(reservation)하고 있고, 이에 대해 유엔아동권리위원회는 권고사항에서 이에 대해 조속한 시일 내에 철회할 것을 권고하고 있다(Unicef, 2007). 유보조항으로 두지는 않더라도 많은 국가에서 여전히 아동에 대한 전통적이고 문화적인 태도에 의해 아동의 참여는 많은 장애를 받고 있다. 이에 대해서 유엔아동권리위원회는 법령 개정 및 협약 제12조를 이행하기 위해 공공 교육 및 훈련을 촉진하도록 하고 있다. 또한 이뿐 아니라, 아동들의 조직(children's organization) 개발을 장려하도록 하고 있다. 즉 아동 및 청소년들 조직 혹은 모임, 대표, 독립적인 학생회를 운영하는 학교들에 관한 자료를 제공할 것을 요청하고 있고, 이에 대해 많은 국가들이 아동의회(Children's Parliament) 등 다양한 형태의 아동들이 참여할 수 있는 통로를 마련하고 있다. 우리나라도 청소년특별회의, 아동총회 등 여러 경로를 통해 이들의 참여를 법적으로 보장하고 있을 뿐 아니라 매년 이들 회의를 개최하여 그 가운데 일부를 제한적이기는 하지만 정책에 반영하고 있다. 하지만 가부장적 간섭주의(paternalism)에 의해 많은 국가에서 여전히 아동 및 청소년들의 참여는 제한을 받고 있고, 우리나라도 예외는 아니다. 따라서 법령의 제정을 통해 아동들의 견해를 듣도록 하는 절차를 수립하는 것뿐 아니라, 아동 및 청소년들이 그들의 권리를 인식하도록 하여야 한다.

그렇다면 아동·청소년의 참여권 이행을 위한 전략으로 어떠한 것들이 있을까? 이에 대해 유니세프는 1) 일차적으로 국내 법령에 참여권을 보장하도록 하는 것, 2) 참여의 전제조건으로 정보가 제공되는 것, 3) 차별받지 않고 참여할 수 있어야 하는 것, 4) '가용 자원의 최대한도에 따라' 이행에 불가피한 융통성을 두는 생존권이나 발달권 등과 달리 참여권에서는 이것이 적용되지 않도록 하는 것, 5) 아동의 참여를 촉진하기 위한 교육, 훈련 및 여러 전략들이 필요한 것, 6) 이행 및 영향에 대해 모니터링 등의 구체적 전략으로 제시하고 있다(Unicef, 2007).

아동·청소년 참여 과정에서 중요한 것은 형식적 절차가 아닌 실질적 참여여야 한다는 점, 일회적 행사가 아닌 과정으로서 참여 자체가 의미가 있다는 점이다. 아동·청소년 참여 내실화 및 활성화를 위해서는 정보제공, 자발성, 표현된 아동의견의 존중, 참여와 관련된 환경과 방법이 아동역량에 맞춰져 아동 친화적일 것, 차별 없이 모든 아동·청소년을 아우를 것, 아동과 성인 모두의 참여역량 강화, 견해를 밝힘으로써 발생 가능한 위험에 대한 대책, 참여결과에 대한 후속조치와 평가, 참여에 대한 모니터링과 평가과정에 아동의 참여 등의 요건이 고려되어야 한다(UNCRC, 2009: para. 132-134)

유엔총회는 2011년 12월 협약 제3선택의정서(Optional Protocal to the Convention on the rights of the child to provide a communications procedure: OPCP)를 채택하였다. 이는 아동·청소년이 국내 절차로 해결되지 못한 인권사안에 대해 유엔아동권리위원회에 직접 청원을 할 수 있는 개인청원권에 대한 것으로, 아동·청소년 참여권과 관련되는 절차라 할 수 있다. 2012년도와 2013년에 이의 비준과 이행을 검토하는 토론회와 연구가 몇 차례 진행된 이후 후속 작업이 이루어지지 않고 있어 이에 대한 관심이 필요하다.

협약 일반원칙 중 하나인 아동·청소년의 참여권 보장은 모든 권리의 바탕으로 강조되고 있다. 협약 제12조는 아동·청소년이 자신에게 영향을 미치는 모든 문제에 대해 의견을 밝히고 성인은 이를 비중 있게 반영할 의무가 있음을 밝히고 있다. 조사결과, 51.6%만이 청소년 참여권이 보장되고 있다고 응답하여 우리사회에 아동·청소년 참여 확대 노력이 필요함을 알 수 있다(김영지, 김경준, 이민희, 김지혜, 2013).

아동·청소년 참여권 확대를 위해 형식적 참여에서 실질적 참여로, 일부 아동·청소년 대상의 제한적 참여프로그램 제공에서 생활 전반에서의 참여 증진과 우리사회 전반에서 아동·청소년의 위상 확대(독자적 판단능력을 갖춘 참여의 주체)로 발전되도록 해야 한다.

특히 유엔아동권리위원회 일반논평 제12호에서 제시하고 있는 모든 장면과 절차에서의 아동·청소년 참여 필요성에 대한 사회적 공감대를 확산하고 이를 제도화하기 위한 노력이 필요하다.

참고문헌

경기도교육청 (2013). 보도자료 '학생중심 학생자치문화' 활성화한다. 경기도교육청 웹사이트 http://www.goe.go.kr/edu/bbs/selectUnionBbsList.do?cd=notice&menuId=050010000000000&programId=PGM_1000000007 에서 2015년 4월 5일 인출.

국가인권위원회 편역 (2006). 유엔 인권조약 감시기구의 일반논평 및 일반권고 : 아동권리위원회. 서울: 국가인권위원회.

국가인권위원회 (2009). 인권친화적 학교문화 조성 지침서(안). 서울: 국가인권위원회.

김경준, 김희진, 이민희, 김윤나 (2014). 한국 아동·청소년 인권실태 연구Ⅳ. 세종: 한국청소년정책연구원.

김영인 (2013). 가정에서의 참여증진을 위한 정책제언. 김영지, 김경준, 김지혜, 이민희 (2013). 한국 아동·청소년 인권실태 연구Ⅲ(pp. 162-166). 서울: 한국청소년정책연구원.

김영지 (2008). '참여'에 대한 유엔의 입장과 우리나라 아동·청소년의 참여. 한국아동권리학회 2010 춘계학술대회 자료집: 아동의 참여. pp. 1-35

김영지, 강성룡, 김영인, 김원태, 천희완 (2005). 지역 청소년의회 구성과 운영을 위한 실무 매뉴얼. 서울: 국가청소년위원회.

김영지, 김경준, 이민희, 김지혜 (2013). 한국 아동·청소년 인권실태 연구Ⅲ. 서울: 한국청소년정책연구원.

김영지, 이혜연 (2010). 청소년지도자, 인권지킴이 되다. 서울: 여성가족부·한국청소년정책연구원.

대법원 (2015. 2. 8). 대법원 보도자료 "가사소송법개정위원회 최종 의결". 대법원 웹사이트 http://www.scourt.go.kr/supreme/news/NewsViewAction2.work?currentPage=undefined&searchWord=가사소송법&searchOption=&seqnum=227&gubun=702 에서 2015년 4월 5일 인출.

보건복지가족부 (2009). 아동권리협약과 함께하는 아동청소년의 권리(보육교사용 교재). 서울: 보건복지가족부.

서울특별시교육청 (2015). 2015 학생 자치활동 활성화 지원계획(안) - '교복입은 시민' 프로젝트. 서울: 서울특별시교육청.

안동현 (2008). 아동과 청소년의 참여권 신장을 위한 과제. 한국아동권리학회 2008 추계학술대회 자료집 : 아동·청소년 참여권, pp. 3-10.

여성가족부 (2014). 2014 청소년백서. 서울: 여성가족부.

유니세프한국위원회 역 (2002). 세계 아동현황 보고서 2003. 서울: 유니세프한국위원회. Unicef(2002). The State of the World's Children 2003 - child participation. NY: UNICEF.

이노홍 (2013). UN아동권리협약 및 선택의정서에 따른 아동권리보호의 국제적 동향 - 아동의 청원권에 관한 제3선택의정서를 중심으로. 서울: 법제연구원.

최윤진 (1999). 청소년 권리제한 논리의 부당성에 대한 고찰. 한국청소년연구, 10(1), 5-23.

최창욱, 전명기 (2013). 청소년참여기구 활성화 방안 연구. 세종: 한국청소년정책연구원.

한국아동권리학회 편 (2005). 아동권리 보호와 연구윤리. 서울: 학지사.

ESCAP (1999). *Youth participation manual*. NY: UN Economic and Social Commission for Asia and the Pacific.

Feldman, R. S. (2013). *Developmental across the life span*, 7th edition. Harlow: Pearson.

Graham P. (1994). Children: Problems in paediatrics. In Raanan Gillon(Ed.), *Principles of health care ethics*(pp. 657-669). Chichester: John Wiley & Sons.

Hart, Roger A. (1992). *Children's participation: from tokenism to citizenship*. Florence, Italy: UNICEF International Child Development Centre.

Kirshner, B., O'Donoghue, J., & McLaughlin, M. W.(eds.) (2002). Youth participation: Improving institutions and communities. *New Directions for Youth Development: Theory, Practice and Research*, No. 96, San Francisco: Jossey-Bass(Wiley Periodicals, Inc.).

Landsdown, G., and O'Kane, C. (2014). *A Toolkit for Monitoring and Evaluating Children's participation*. London: Save the Children.

Nurcombe B., Partlett D. F. (1994). *Child mental health and the law*. New York: The Free Press.

Shaffer D. R., Kipp. K. (2010). *Developmental psychology*, 8th edition. Belmont, CA: Wadsworth Publishing.

The Australian Youth Foundation (1996). *Youth partnership & participation*, Sydney: The Australian Youth Foundation.

UN Committee on the Rights of the Child(UNCRC) (2009). General Comment No. 12 - The right of the child to be heard(CRC/C/GC/12). Geneva: UN Committee on The Rights of the Child.

Unicef (2007). *Implementation handbook for the Convention on the rights of the child(Rev. 3rd ed.)*. Geneva: United Nations Children's Fund.

United Nations (2004). *World Youth Report 2003: The global situation of young people*. New York: United Nations Publication.

제3장 경제적 불평등과 아동 상황

빈곤은 어느 시대에나 있었고 어느 사회에서나 찾아볼 수 있는 오래되고 심각한 문제이다. 사회가 눈부신 발전을 거듭해왔음에도 빈곤이 여전히 심각한 사회문제라는 사실은 참으로 놀랍다(이재연, 2008). 대부분의 국가가 아동기 빈곤문제에 대해 많은 관심을 가지고 적극적으로 해결하려고 노력하고 있으나 '가난은 나라님도 구제하지 못한다'는 말이 있듯이 최빈국뿐만 아니라 부유국에서도 빈곤아동은 여전히 존재하는 상황이다. 이는 빈곤의 문제가 개인뿐만 아니라 한 국가, 더 나아가 국제적으로도 해결하기 어려운 난제임을 보여주는 반증이다. 빈곤문제 중에서도 특히 아동기 빈곤은 성인기 빈곤보다도 더욱 복잡한 접근이 필요한 문제이다.

이전에는 아동기 빈곤문제를 경제적 자원의 결핍이나 부족의 관점에서 다루었으나, 최근에는 불평등, 소외, 박탈, 배제 등 빈곤으로 인하여 생기는 심리적, 사회적, 문화적 문제에 좀 더 집중하고 있다. 즉 아동권과의 관점에서 아동기 빈곤 문제에 접근하고 있는 것이다.

제1절 아동빈곤에 대한 새로운 인식

1) 아동빈곤에 대한 고전적 접근

아동빈곤이란 성인빈곤이나 노인빈곤과는 구분되는 개념으로 보통 18세 미만의 아동이 빈곤한 가족에 속해 있는 경우를 말한다. 아동빈곤은 아동을 양육하는 가족의 빈곤이라고 할 수 있다. 일반적인 빈곤과 마찬가지로 아동빈곤도 절대빈곤과 상대빈곤으로 나뉜다. 둘 다 일정한 빈곤선(poverty line)을 기준으로 빈곤을 규정한다.

절대빈곤이란 가장 오래된 빈곤의 정의로 생존을 위한 최저한의 물질의 결핍상태를 말하는데, 이는 한 가족이 생존하는 데 필요한 물품을 구매하는 데 필요한 최저한의 액수(Dollars)로 표현된다(Vleminckx and Smeeding, 2003. 김미숙 외, 2007 재인용).

상대빈곤이란 공동체 인식을 반영하여 상대적으로 사회의 다른 사람들보다 적게 가지고 있다고 생각하는 것이다(여유진 외, 2006). European Commission에서는 빈민이란 '자원(물질, 문화, 사회)이 매우 제한되어 있어서 한 사회에서 수용할 수 있는 최소한의 삶의 수준으로부터 배제된 사람, 가족, 집단'으로 정의하고 있다(Vleminckx and Smeeding, 2003). 여기서 중요한 점은 빈곤을 측정할 때, 한 사회의 구성원의 삶의 수준과 '비교하여' 개인이나 가족이 소유한 자원의 양을 측정한다는 데 있다. 상대빈곤선도 절대빈곤선과 마찬가지로 소득(Income)으로 표현된다(김미숙, 2007).

일반적으로 아동빈곤의 판단기준은 상대빈곤율로 제시되며 보통 상대적 빈곤율 산정 시에는 가처분 소득을 기준으로 중위소득 50% 미만을 사용한다.

기준으로 볼 때 우리나라의 아동빈곤율은 OECD 국가의 평균보다 조금 낮은 편인데, OECD 회원국 29개 국가의 평균 빈곤율인 11%보다 약간 낮은 10.2% (가계동향조사)이며 순위로는 14위인 것으로 나타났다(김미숙 외, 2014)[1].

아동은 국가의 경제력과 상관없이 사회에서 취약한 연령 계층이다. 영국, 호주, 캐나다 등과 같은 선진국의 경우에도 국가의 총생산의 증가에도 불구하고 아동빈곤율은 오히려 증가하는 추세를 보인다. 이러한 현상은 OECD(2009)의 분석을 통해서 알 수 있는데, 미국의 0~17세 아동이 있는 가구의 가처분 소득은 OECD 30개국 중에서 상위 2위를 차지할 만큼 높았지만, 아동빈곤율은 하위 4위일 만큼 극명하게 차이를 보이고 있다. 즉 아동빈곤율은 국가의 경제력과 상관없을 수 있으며, 부유국이라도 아동빈곤율은 높을 수 있다.

• 빈곤의 측정

빈곤을 측정하는 지표 대부분은 금전적 접근방법을 통해 빈곤의 중대성 혹은 불균형을 측정하려고 한다.

- **빈곤율**: 가구규모별로 일정한 빈곤선(최저생계비 등)을 정해놓고 가구 소득이 그것에 미달하는 가구를 빈곤가구로 정의하고 그 숫자를 세는 방법
- **빈곤 갭**: 빈곤가구의 소득이 빈곤선에 미달하는 정도를 측정하는 것, 빈곤가구의 소득과 빈곤선과의 차액을 살펴보는 것
- **지니계수**: 소득이 어느 정도 균등하게 분배되는가를 나타내는 소득분배의 불균형 수치
- **Sen의 빈곤 지수**: 빈곤율과 빈곤갭, 빈민 사이의 소득불평등을 나타내는 지니계수를 종합하여 측정하는 지표

1) OECD 34개 회원국 중 뉴질랜드 멕시코 칠레 터키 이스라엘을 제외함. 사용된 빈곤율은 가처분 소득 기준으로 가구 균등화 소득 기준으로 중위 50% 미만을 빈곤으로 규정 함. 한국의 경우에는 2013년도(2012년 소득자료) 조사자료이나 나머지 국가들은 나라마다 다름.

2) 아동빈곤에 대한 새로운 접근: 빈곤을 모니터링하는 지표의 변화

절대빈곤과 상대빈곤은 고전적으로 빈곤을 정의할 때 사용해온 개념이다. 그러나 최근 들어서 아동빈곤을 정의할 때 다른 개념을 도입하려고 하는데, 아동기 빈곤의 개념을 단순히 수입(income)에 근거한 정의로 모두 설명할 수 없기 때문이다. 아동빈곤을 아동이 속한 가족의 소득수준으로만 판단할 경우 실제로 아동이 겪고 있는 문제를 측정하는 데에 한계가 있다. 또한 아동기의 특수성을 반영하지 못하여, 발달적인 관점에서 충족되어야 할 요소들에 대해 포함하지 못하게 된다. 실례로 빈곤가구에서 성장하는 아동일지라도 물질적 풍요를 전혀 경험하지 못할 거라고 단정할 수 없으며, 빈곤가구가 아닐지라도 아동의 성장환경은 결핍될 수 있을 것이다.

빈곤연구의 대부분은 소득과 같은 단일차원에서 빈곤을 측정하는 데 초점을 맞추어 왔다. 빈곤한 가구의 아동은 교육, 주거, 의료 등 다양한 측면에서 자원의 결핍을 경험하지만 소득빈곤은 모든 측면을 반영하기 어렵다. 소득 이외의 다양한 차원에서 빈곤아동의 생활환경에 대한 접근을 통하여 아동빈곤을 다각도로 접근할 필요성이 있다. 아동빈곤을 측정하는 목표는 빈곤아동의 실제 삶의 실태를 나타냄으로써 빈곤아동의 삶의 개선방향을 찾는 것이다. 따라서 빈곤아동의 삶을 잘 나타낼 수 있는 지표를 사용하는 것이 중요하며, 소득빈곤으로 파악이 어려운 여러 가지 측면들을 함께 고려할 수 있는 다차원적인 빈곤 접근이 필요하다(정은희, 2013).

빈곤의 개념은 지속적으로 확장되고 있으며 이러한 변화는 아동빈곤을 모니터링하는 지표의 변화로 알 수 있다. 실제로 UNICEF Innocenti research Center의 연구물에서는 아동빈곤과 관련된 다양한 접근을 볼 수 있는데, 물질적 박탈감 역시 아동기 빈곤을 측정하는 새로운 접근방법 중의 하나이다. 이는 UNICEF에서 개발된 도구로, OECD 등에서는 기존의 상대적 빈곤율과 아동결핍지수(Child Deprivation Index)를 같이 활용하여 아동의 빈곤도 측정에 사용하고 있다. 아동결핍지수는 성장과정에서 주요하게 고려되어야 할 소유상태, 서비스 및 각종 기회 충족여부(14항목)를 통해 아동 자체의 빈곤상태를 측정하고 있다.[2)] 결핍지수의 측정방법은 총 14항목 중 2개 이상의 항목에 '아니오'라고 답변한 아동의 수치이며, 수치가 높을수록 아동의 기본조건에 대한 결여수준이 높은 것을 의미한다. 참고로 우리나라 아동의 결핍지수는 53.3%이며, OECD 국가 간 비교기준(11, 13, 15세 아동대상)으로는 54.8%로 OECD 국가 중에서 최하위로 나타났다.

또한 유니세프는 2007년부터 아동빈곤과 빈부격차에 관한 국제연구를 수행하고 있으며, 아동빈곤과 빈부격차에 관한 질적 증거를 찾아내기 위한 노력으로 이 스터디 그룹을 통해서 다중박탈지수(Multiple Overlapping Deprivation Analysis: MODA)를 개발하여 다중박탈분석을 수행 중이다. 아동의 박탈경험은 다방면으로 밀접한 관계가 있으며, 이러한 다방면의 중복된 박탈은 사회경제적으로 더 취약한 집단에서 더 큰 악영향을 끼친다.

절대빈곤이 거의 사라진 선진국에서는 사회를 구성하고 있는 다른 사람에 비한 개인의 사회적인 위치가 사회적으로 이슈가 되고 있다. 유럽연합집행위원회(European Commission)는 빈곤한 사람이란 '자원'(물질, 문화, 사회)이

---

2) 하루 세 끼 섭취여부, 한 끼 이상 육류/생선 섭취, 매일 과일/채소 섭취, 교과서 이외 도서 보유, 자전거 등 야외활동 장비 보유, 정기적인 여가활동(수영, 악기, 태권도 등), 장난감/교육용 실내 활동 도구 보유, 소풍/수학여행 등 학교 이벤트 참가, 가정 내 독서공간 여부, 가정에서 인터넷 활용 가능, 새옷 보유/2켤레 이상 신발 보유, 친구 초대 기회/생일잔치/가족행사 등 이벤트 참여

매우 제한되어 있어서 한 사회에서 수용할 수 있는 최소한의 수준으로부터 배제된 사람, 가족, 집단으로 정의하고 있다(Vleminckx & Smeeding, 2003). 최근에는 상대적 빈곤의 개념을 물질적인 빈곤뿐 아니라 노동, 의료, 주거 등 다차원적으로 접근하고 있다(김안나 외, 2008; 김미숙, 2009 재인용).

Bradshaw & Richardson(2008)은 EU 국가비교 시 소득빈곤과 가장 밀접한 지표는 물질적 복지임을 지적하였으며, 이는 빈곤갭이나, 박탈, 가장의 실업보다 더 밀접한 연관이 있다고 주장하였다. 그러나 최근의 연구에 따르면 소득빈곤은 아동의 전반적인 복지상태와 30% 정도만 관계되는 반면, 박탈이 아동의 전반적인 복지의 53% 변량을 설명하는 것으로 나타났으며, EU에서도 소득빈곤이 아동의 전반적인 복지와 유의하게 관계가 있지 않은 것으로 보고하고 있다(정은희, 2013).

EU차원에서도 아동빈곤의 중요성을 인식하고 사회적 배제의 측면에서 아동들의 복지를 강화하기 위한 주요 지표들을 설정하고 이를 모니터링하고 평가하는 것이 중요하다는 것을 지적하고 있다. EU 아동빈곤과 복지를 위한 태스크 포스(EU Task Force on Child Poverty and Child Wellbeing)에서는 7가지 주요 항목을 설정하고 이들에 대한 모니터링과 평가를 통해 아동빈곤 축소와 복지강화를 위한 지표로 활용하고 있다. 7가지 지표는 경제적 안정 및 물적 상태(Economic Security and Material situation), 주거(housing), 지역환경(local environment), 건강(health), 교육(education), 사회적 관계 및 가족환경(social relationships and family environment), 위험에 대한 노출 및 행동(exposure to risk andrisk behaviour)이다. 또한 7가지 항목에는 여러 세부지표들이 포함되어 있는데 여기에는 ① EU차원에서 보편적으로 적용되는 지표, ② EU국가들이 이용할 수 있지만 일부 국가에서만 적용되고 있는 지표, ③ 국가별 특성에 따라 일부 국가에서만 적용되는 지표들로 구성되어 있다(김태완, 2010).

7가지 항목 중에서 '경제적 안정 및 물적 상태'에는 아동빈곤, 전체빈곤과 아동빈곤과의 차이, 아동의 상대적 빈곤갭, 지속적 빈곤위험, 아동이 있는 가구의 빈곤심각성을 담고 있는데, 수치적인 면에서의 빈곤이라는 틀 안에서도 단순히 아동빈곤율만을 지표로 삼지 않고 다양하게 아동빈곤을 살펴보려는 의도를 알 수 있다. '경제적 안정 및 물적 상태' 외의 다른 항목들에서도 과체중 아동비율, 10대 임신비율 등 과거의 단순한 아동빈곤에의 접근과 다르게 아동기 빈곤과 관련된 현상들을 다차원적으로 모니터링하고 있다. EU에서는 위와 같은 주요 지표들을 기초로 EU국가들이 아동빈곤과 아동의 사회적 배제정도를 모니터링, 평가함으로써 EU국가들의 아동들을 위한 정책에 대해 살펴보고 있다.

〈표 3-1〉 EU 아동빈곤 및 복지 모니터링 지표

지표	세부지표
경제적 안정 및 물적상태	아동빈곤, 전체빈곤과 아동빈곤과의 차이, 아동의 상대적 빈곤갭, 지속적 빈곤위험, 아동이 있는 가구의 빈곤 심각성
주거	주거안정, 주택부족 및 주거공간과 최저주거기준 이하에 살고 있는 아동 비율
건강	기대여명, 유아사망률, 저체중아 출생률 등, 칼로리가 부족한 3, 6, 12세 아동의 비율(스웨덴), 과체중 아동비율(스웨덴, 영국, 핀란드)
지역환경	지역에 따른 상대적 박탈 정도, 거주지역에서 정부가 제공하고 있는 아동서비스를 받고 있지 못한 아동비율(스코틀랜드)

지표	세부지표
교육	조기퇴학, 15세 이하 아동의 문맹률, 학생과 교사 비율 등. 중학교 미진학 비율(포르투갈, 루마니아), 독해부족(프랑스), 컴퓨터 혹은 인터넷 사용 비율(독일)
사회적 관계 및 가족환경	3명 이하의 친구를 둔 아동비율, 아동의 참여비율, 여가·문화·학습·체육 활동 참여하는 학생비율(스코틀랜드)
위험에 대한 노출 및 행동	무단결석 혹은 등교거부율, 10대 임신율, 13~17세 아동 1,000명 중 출산비율(몰타, 스웨덴), 알콜 혹은 담배 소비 학생비율(영국, 스웨덴 등), 10~24세 자살률(스코틀랜드)

자료: 김태완(2010)의 연구를 재정리함.

3) 빈곤아동기준에 대한 포괄적 접근

우리나라에서는 2012년에 아동의 빈곤예방 및 지원 등에 관한 법률이 제정되었다. 동법에서는 "'아동빈곤'이란 아동이 일상적인 생활여건과 자원이 결핍하여 사회적·경제적·문화적 불이익을 받는 빈곤한 상태를 말한다(제3조 제2호)."라고 정의하면서, 빈곤아동이라 함은 "생활여건과 자원의 결핍으로 인한 복지·교육·문화 등의 격차를 해소하기 위하여 지원이 필요한 아동을 말한다(제3조 제3호)"고 규정하고 있다. 이 법의 제정으로 빈곤아동의 기준에 아동복지법에 근거하여 보호받고 있는 아동, 수급자 아동, 한부모가족 및 다문화가족 아동이 포함되었다. 아동빈곤율은 가구에 속한 아동을 대상으로 조사되기 때문에, 가정 밖의 아동을 포함하지 못한다는 한계가 있다. 반면에 아동빈곤예방법은 대상 아동의 범위를 포괄적으로 접근하였다는 점에서 의의가 있다. 또한 빈곤의 정의에 사회·경제적 개념뿐만 아니라 문화까지 포함하였다는 점에서 빈곤의 정의를 포괄적으로 하였다.

그러나 이러한 법적 정의는 우리나라에서 빈곤아동을 위한 지원 정책의 대상자를 선정할 때 근거가 될 뿐, 실제로 이러한 법적 정의에 따라 빈곤아동을 정의하는 경우는 드물다. 이러한 점에서 오히려 아동빈곤법의 빈곤아동의 기준이 그 적용대상을 지나치게 확대하여 법적 의미가 퇴색하였으며 실효성을 갖추기 힘들 것이라는(문영희, 2012) 지적이 있다.

● 아동 빈곤과 관련된 법

아동의 빈곤예방 및 지원 등에 관한 법률(약칭: 아동빈곤예방법) [시행 2014.11.19.] [법률 제12844호, 2014.11.19., 타법개정]

제3조(정의) 이 법에서 사용하는 용어의 뜻은 다음과 같다. 〈개정 2011.8.4.〉

1. "아동"이란 「아동복지법」 제3조 제1호에 따른 아동을 말한다.
2. "아동빈곤"이란 아동이 일상적인 생활여건과 자원이 결핍하여 사회적·경제적·문화적 불이익을 받는 빈곤한 상태를 말한다.
3. "빈곤아동"이란 생활여건과 자원의 결핍으로 인한 복지·교육·문화 등의 격차를 해소하기 위하여 지원이 필요한 아동을 말하며, 그 구체적인 기준은 보건복지부령으로 정한다.

아동의 빈곤예방 및 지원 등에 관한 법률 시행규칙

제2조(빈곤아동의 기준) 「아동의 빈곤예방 및 지원 등에 관한 법률」(이하 "법"이라 한다) 제3조 제3호에 따른 빈곤아동은 다음 각 호의 어느 하나에 해당하는 아동을 말한다.

1. 「아동복지법」 제3조 제4호 및 제5호에 따른 보호대상아동 및 지원대상아동
2. 「국민기초생활 보장법」 제2조 제2호에 따른 수급자인 아동
3. 「한부모가족지원법」 제4조 제2호에 따른 한부모가족 및 「다문화가족지원법」 제2조 제1호에 따른 다문화가족의 아동 등 복지·교육·문화 등의 격차를 해소하기 위하여 사회적·경제적·문화적 지원이 필요하다고 보건복지부장관이 인정하는 아동

4) 아동권리협약과 아동빈곤

유엔아동권리협약(이하 협약이라 칭함)은 빈곤과 관련된 어떤 권리도 포함하지 않고 있으며, 협약 조문 내에서 빈곤에 대해서도 정의하지 않고 있다(Redmond, 2008). 다만 협약은 주요원칙에 근거한 생활·생존과 발달의 권리를 아우르고 있으며 박탈 혹은 빈곤과 관련된 아동의 안녕 권리들에 대해 대략적으로 보여주고 있을 뿐이다. 그래도 몇몇 조항은 빈곤과 관련되어 있는데 제27조는 적절한 생활수준을 누릴 권리를, 제26조는 사회보장제도의 혜택을 받을 권리를 명시하고 있다. 또한 일반논평 7호 '초기 유년기에서의 아동권리이행' 에서는 아동빈곤의 부정적 영향을 근절해야 함을 구체적으로 명시하고 있다.

● 빈곤과 관련된 아동 권리

협약 27조 적절한 생활수준을 누릴 권리

- 모든 아동은 자신의 신체적, 지적, 정신적, 도덕적 및 사회적 발달에 적합한 생활수준을 누릴 권리를 갖는다. 부모는 아동에게 적합한 생활수준을 보장해 줄 일차적인 책임이 있다. 국가는 부모가 이 책임을 완수할 수 있도록 보장할 의무가 있다. 부모와 그들 자녀들에게 물질적인 지원을 하는 것 또한 국가의 책임이다.

협약 제26조 사회보장제도의 혜택을 받을 권리

- 아동은 사회보험을 포함하여 사회보장 서비스로부터 혜택을 받을 권리를 갖는다.

일반논평 제7호 '초기 유년기에서의 아동권리 이행'

- 본 위원회는 빈곤의 악영향에 대한 광범위한 인식에도 불구하고 수백만의 유아에게 가장 기본적인 삶의 생활수준마저 보장되고 있지 않음에 대하여 우려한다. 상대적 빈곤에서의 성장은 아동복지, 사회통합, 자기존중을 저해하고, 학습과 발달의 기회를 감소시킨다. 절대빈곤에서의 성장은 심지어 더욱 심각한 결과를 초래하며 삶의 기본적인 질을 저해시킬 뿐만 아니라 아동의 생존과 건강을 위협한다. 당사국은 아동복지에 부정적인 영향을 미치는 빈곤의 악영향에 맞서야 하며

> 이뿐만 아니라 초기 유년기의 빈곤을 근절하기 위한 체계적인 전략을 이행하기 위해 노력해야 한다. 아동과 가족을 위한 '물질적인 보조 및 지원계획'(제27조 3항)을 포함한 유아의 권리에 부합하는 기본적인 생활수준을 보장하기 위한 모든 가능한 수단이 사용되어야만 한다. 아동의 사회보험을 포함한 사회보장제도의 혜택을 받을 권리의 이행은 모든 전략에 있어 중요한 요소이다.(유엔아동권리위원회, 일반논평 no. 7, 2005, CRC/C/GC/7/Rev.1, para. 26)

제2절 왜 아동기 빈곤 감소를 위해 노력해야 하나?

1) 현재 아동 삶의 보장, 아동기의 보장을 위하여

앞서 제시한 빈곤에 대한 새로운 정의와 지표의 등장은 또 다른 관점에서 아동기 빈곤을 이해해야 함을 보여준다. 아동빈곤을 다룰 때 기존에는 '빈곤'의 결과에 초점을 두었다면, 앞으로는 현재 빈곤아동의 삶에 더 집중해야 함을 의미한다. 지금까지 아동은 becoming의 존재로 다루어져 왔으나 being이라는 관점에서의 접근이 필요하다. 현재 아동의 삶에서 누려야 할 권리를 강조해야 하는 것이다. 이러한 아동권리관점의 접근은 아동기의 문제에 대한 해결책을 도출할 때 매우 중요하다.

빈곤아동의 현재 삶에 대한 이해를 위해 현재 우리나라의 빈곤율과 빈곤실태를 살펴보고자 한다. 여기서는 2013년 아동종합실태조사[3]의 결과를 기반으로 빈곤아동의 삶을 살펴보고자 한다.

3) 아동복지법 제11조에 따라 2012년부터 매 5년마다 아동실태조사를 실시

우선 우리나라의 아동빈곤율을 살펴보면, 아동이 있는 가구 중에서 경상소득 기준으로 중위소득 50% 미만 가구 비율(상대적 빈곤율)은 2013년 통계청의 가계동향조사(빈곤통계연보)에서는 9.4%로 나타났으며 2013년 아동실태조사에서는 1.2 포인트 낮은 8.25%로 나타났다. 2013년도 아동실태조사에서 가족형태별 상대적 빈곤율은 양부모 가구의 경우 3.9%로 나타났지만, 한부모·조손가구의 경우 46.6%로 나타나 양부모 가구보다 12배가량 높은 것으로 나타났다.

아동청소년 종합실태조사에 따르면, 앞서 설명되었던 아동결핍율이 빈곤가구의 경우 85%로 나타나 전체아동의 결핍지수 53.3%보다 현저히 높게 나타났다. 또한 삶의 만족도 수준도 경제적 수준에 따라 큰 차이를 보이고 있다. 소득수준별 삶의 만족도는 기초수급가구 및 차상위가구는 4.6으로 중간수준인 5점 이하로 낮게 나타났고, 일반가구는 중간을 약간 상회하는 6.18로 파악되었다.

빈곤가구의 아동은 결식률이 일반가구의 아동에 비해 높으며 특히 식품빈곤[4] 경험으로 인한 영양섭취 부족 경험이 높게 나타났으며 반면에 비만율도 높았다. 이러한 결과로부터 빈곤가구의 아동이 균형 잡힌 영양을 섭취하는 데 문제가 있음을 알 수 있다. 빈곤아동은 안전에도 더욱 취약한 것으로 나타났다. 일반가구의 아동에 비해 빈곤가구의 카시트 착용률이 현격히 낮았고,[5] 평일 방과 후 보호자 없이 방치되는 나홀로 아동비율은 빈곤아동이 훨씬 높았다. 이러한 차이는 여가활동의 경우에도 뚜렷이 보여, 빈곤가구 아동 중 '어떤 형태의 여가활동도 전혀 하지 않는다'고 응답한 아동은 일반가구 아동의

4) 경제적 어려움으로 인해 먹을 것을 살 수 없는 상태를 말하며, 식품빈곤으로 인한 결식률은 전체 아동의 1.6%이며, 기초수급층은 12.1%, 차상위는 9.8%로 나타남

5) 소득별 카시트 착용률: 일반가구(66.1%), 차상위(38.2%), 기초수급가구(24.1%)

3배 이상을 보였다. 또한 일반가구와 빈곤가구 아동 간 사교육 이용격차가 크며, 특히 차상위가구 아동의 사교육 참여율이 가장 낮게 나타났다.

〈표 3-2〉 아동의 소득수준별 결핍 현황

(단위: %, 명)

구분	전체	소득수준1		소득수준2		
		빈곤	일반	기초수급	차상위	일반
하루 세끼 섭취	12.1	26.5	11.5	25.6	28.0	11.5
한 끼 이상 육류, 생선 섭취	15.7	36.2	14.9	37.4	33.9	14.9
매일 과일, 채소 섭취	19.7	45.8	18.6	47.3	43.1	18.6
교과서 이외 도서 보유	14.5	38.0	13.6	41.6	31.3	13.6
자전거 등 야외활동 장비 보유	26.1	54.4	25.0	54.2	54.7	25.0
정기적인 여가활동 (수영, 악기, 태권도 등)	52.8	72.8	52.0	71.7	75.0	52.0
장난감, 교육용 실내 활동 도구 보유	14.9	34.3	14.1	36.5	29.9	14.1
소풍, 수학여행 등 학교 이벤트 참가	10.8	33.1	9.9	32.1	35.0	9.9
가정 내 독서공간 여부	11.8	37.1	10.8	35.9	39.3	10.8
가정에서 인터넷 활용 가능	3.5	7.8	3.3	7.1	9.1	3.3
새옷 보유	6.4	16.0	6.0	15.5	17.0	6.0
2켤레 이상 신발 보유	4.7	12.4	4.4	12.7	11.7	4.4
친구 초대 기회	21.1	52.3	19.9	53.4	50.2	19.9
생일잔치, 가족행사 등 이벤트 참여	22.4	54.5	21.1	54.4	54.7	21.1
명	9,678,277	376,738	9,301,539	247,664	129,073	9,301,539

자료: 보건복지부, 한국보건사회연구원(2014). 2013 아동종합실태조사.

이 밖에도 최근 주목받고 있는 것은 빈곤아동의 주거환경이다. 열악한 주거환경에서 지내는 아동은 약 128만 명으로 추정되며 이는 전체 아동 10명 중에 1명꼴로 나타나고 있으며, 주거 빈곤층 가운데서도 상황이 더 열악한 비닐하우스나 컨테이너, 반 지하나 옥탑방 등에 사는 아동만 25만 명이 넘는다(초록우산재단, 2014). 주거빈곤은 학업성취나 내재화 문제에 부정적 영향력을 미친다(임세희, 2012)는 점에서 빈곤아동의 물리적 환경에 대해서도 중요하게 다루어져야 할 것이다.

• 빈곤의 또다른 이슈: 주거 빈곤

국내 아동의 12%, 최저기준 이하 집에서 생활

국내 아동 10명 중 1명은 정부가 정한 최저주거기준 이하의 주거빈곤 상태에 놓인 것으로 나타났다.

초록우산 어린이재단이 발표한 아동 주거빈곤 실태 보고서 '아동의 미래, 집에서 시작합니다'에 따르면 국내 아동 전체의 11.9%에 달하는 129만 명이 최저주거기준 이하의 집에서 생활하는 것으로 조사됐다.

최저주거기준이란 국토교통부 장관이 가족의 수에 따라 정한 최소 주거면적, 방 개수, 부엌·화장실 면적 등을 뜻한다.

한부모가정과 소년소녀가장 가정은 각각 전체의 23.1%, 37%가 최저주거기준 이하의 집에서 생활하는 것으로 조사돼 일반가정보다 주거환경이 더욱 열악한 것으로 나타났다. 미혼 가정의 아동은 33.8%가 주거빈곤 상태에 놓인 것으로 나타나 이혼(24.3%), 사별(19.3%), 부모 모두 있는 경우(10.1%) 등과 큰 차이를 보였다.

이번 조사는 2010년 발표된 통계청 인구주택총조사 자료를 심층 분석한 결과다.

어린이재단은 "주거환경이 나쁜 아이들은 덥고 어두운 방에서 매일 아침을 맞으며 신체·정신적 건강을 위협받고 있다"라며 "9월부터 주거빈곤 아동 관련 정책 개선을 위한 서명운동을 진행할 계획"이라고 밝혔다.

자료출처: 노컷뉴스(2013.8.20). 국내 아동의 12%, 최저기준 이하 집에서 생활.
http://www.nocutnews.co.kr/news/1085941

2) 아동기에 겪는 빈곤은 성인의 빈곤과 다르다.

10명의 자녀를 둔 흥부네 가정은 저출산 시대에서 모범적인 가정이다. 그러나 많은 가구원수와 아동이 존재하는 흥부네 집은 전형적인 빈곤가구이며, 자녀들도 전형적인 빈곤 환경에서 성장하고 있다. 만약 제비가 흥부의 집에 박씨를 가져다주지 않았다면, 가난한 흥부의 자녀는 잘 성장할 수 있었을까? 그리고 제비가 가져다 준 박씨로 많은 금은보화를 얻은 흥부네 자녀들은 빈곤에서 벗어난 후에 잘 성장하였을까?

빈곤은 대부분의 사람들의 삶에 부정적 영향을 미친다. 특히 아동기가 신체, 정서, 인지발달 등 모든 영역의 발달에서 결정적 시기라는 점에서 아동빈곤은 더욱더 큰 부정적인 결과를 초래한다. 아동기에 미치는 빈곤의 악영향은 다른 발달단계에서보다 큰 것으로 많은 연구에서 밝혀지고 있다. 예를 들어, 빈곤으로 인하여 결식을 경험한 성인의 경우 추후 충분한 영양공급으로 건강을 회복할 수 있으나, 신체발육의 결정적 시기에 놓인 아동의 경우 발육부진의 문제는 추후 충분한 영양공급으로도 평생 회복되지 못할 가능성이 크다.

빈곤은 아동이 정상적인 발달과업을 성취하는 데 장애가 될 뿐만 아니라 성인이 되어서까지 부정적인 영향을 미치게 된다. 아동기 빈곤 경험이 만들어 낸 낮은 학업성취 및 학교실패, 신체건강상태 저하 및 질병, 높은 문제행동 및 사회부적응은 성인기의 생산성 및 노동능력을 저하시킨다. 즉 아동기의 빈곤 경험은 기회의 박탈을 초래할 가능성을 높이고 이러한 기회박탈이 성인기에 후유증으로 남는 것이다. 요컨대 아동기 빈곤은 발달 및 기회의 박탈을 초래하고 이러한 기회박탈은 성인기 과업과 결과물에까지 장기적으로 부정적인 영향을 미치는 빈곤의 악순환을 초래한다.

제3절 빈곤아동 지원을 위한 최선의 방안

빈곤아동 지원정책은 크게 적극적 노동시장정책, 소득지원, 아동지원서비스 세 가지로 나눌 수 있다. 이러한 빈곤정책의 목적은 저임금 노동력을 가진 부모를 도와 빈곤가구를 빈곤선 밖으로 이동시켜 주고 빈곤아동에게 최소한의 발달에 필요한 욕구를 충족시켜주는 것이다.

앞서 아동빈곤의 문제를 다양한 시각에서 접근해야 함을 강조하였지만, 여전히 소득은 빈곤문제에 있어서 가장 중요하며 탈빈곤정책으로서 가장 중요한 것 역시 소득지원 방안이다. 그러나 아동기 빈곤의 정의를 소득에 근거할 수 있을지라도 그들이 겪게 되는 문제는 단순히 빈곤의 원인인 소득의 증가만으로 해결될 수 없다. 이러한 점에서 아동이 겪게 되는 빈곤의 영향경로를 파악하는 것은 빈곤이 아동에게 미치는 부정적 영향력을 차단, 제거, 감소시킬 수 있는 방안을 모색하는 데 중요할 것이다(김효진, 2008).

1) 공정한 출발선에 대한 보장

빈곤아동을 지원할 때는 단순히 빈곤에서 벗어나게 해 줄 수 있는 일반적 탈빈곤정책이 아니라 빈곤아동에게 특화된 지원정책을 수립·적용해야 한다. 그중에서 가장 대표적인 것이 현재 빈곤상태에 있는 아동에게 발달의 공평한 출발선을 확보해 주는 것과 빈곤으로 인한 부정적 결과들을 긍정적으로 변화시켜 주는 것이다. 빈곤의 부정적 결과로 발생한 문제의 해결책은 아동복지의 다양한 분야의 지원이 해당되며, 대부분 아동의 기회평등에 집중되어 있다.

빈곤아동은 자원의 결핍으로 조기 교육기회가 적어 인지발달이 늦다. 늦은 인지발달은 평생에 영향을 준다는 연구결과가 있다. 따라서 탈아동빈곤을 위해서는 소득지원뿐 아니라 전인적인 개발을 위한 지원이 필요하다. Esping-Andersen에 의하면 어려서 인지발달이 늦고 이로 인해 교육을 제대로 받지 못하면 성인기가 되어서 불안정한 고용, 저임금, 실업 등의 위험에 처할 가능성이 높다(Vleminckx and Smeeding, 2003). 아동에 대한 투자는 아동뿐 아니라 사회 전체적으로 볼 때도 성장과 발전에 중요한 요인이다(김미숙 외, 2007).

이러한 아동기 초기의 불평등을 개선하기 위한 가장 대표적인 아동복지정책은 스타트 운동이다. 영국과 미국 등 선진 제국에서는 각종 스타트 사업을 통해서 어려서부터의 발달과 사회통합에 주력하고 있다. 우리나라도 민간에서 위스타트 사업을 실시하였고, 정부는 희망스타트 사업을 시작하여 본격적으로 드림스타트 사업을 실시하고 있다. '드림스타트 사업'은 가난의 대물림 방지 및 균등한 기회보장을 위해 저소득 아동에게 통합서비스, 즉 보건, 보육, 교육, 복지 등 아동·청소년 개인별 맞춤형서비스를 제공하겠다는 목적으로 시행되고 있다.

2) 가족중심 접근: 가족이라는 우산의 양면성

가족의 소득 자체보다는 가족 및 환경 요인들이 아동의 발달결과에 더 큰 영향을 미친다. 단순히 가족의 소득만을 증가시키는 것은 빈곤한 아동들에게 동등한 삶의 기회를 제공하기에 불충분한 정책이다(Mayer, 1997). 이는 빈곤이 아동발달에 미치는 영향의 과정을 보면 알 수 있다.

빈곤아동은 빈곤가구에 속한 아동이라는 점을 고려할 때 아동빈곤에서 가족을 지원하는 것은 너무나 중요하다. 그러나 이러한 빈곤의 영향에서 가족의 중요성을 너무 강조하고 가족의 삶에 집중되어 지원이 이루어지면, 아동 개개인의 삶을 간과할 수 있다. 아동빈곤에 대한 여러 관점 중의 하나로 아동을 가족의 '우산' 아래에 포함하여(보통은 부모 아래에) 부모의 수입 또는 지출에 기초해 아동빈곤 수준을 측정하는 방법이 있는데, 이 관점에서는 고용을 통한 부모수입의 증가가 지속적 빈곤을 피하기 위한 해결책이 된다. 이러한 패러다임에서는 '아동은 대상이 아니라 체계의 생산물로서 다루어지게 된다(Alderson, 2008: 81)' 빈곤아동 지원을 위해 아동의 일차적 성장환경이자 지원체계인 가족을 지원하는 것은 물론 중요하지만, 이러한 가족중심적 접근에서도 아동이 최우선시되어야 할 것이다.

● 빈곤이 아동발달에 영향을 미치는 과정

빈곤이 아동발달에 영향을 미치는 다양한 과정을 설명하는 대표적 이론은 인적자본투자이론 혹은 투자이론과 가족과정모델이다. 두 이론은 주로 가족 내 사회적 자본과 가족과정에 중점을 두어 빈곤이 아동에게 미치는 과정 분석을 강조하고 있다. 인적자본투자이론이 낮은 소득과 그것으로 인한 아동이 가용할 자원의 부족을 강조하고 있다면, 가족과정모델에서는 가정의 역기능과 주양육자의 양육태도를 주요 경로변수로 지적한다. 그러나 공통적으로 두 이론 모두 빈곤이 아동에게 미치는 영향경로에서 가정 환경의 중요성을 강조하고 있으며 빈곤의 결과로 아동발달의 기회가 제한·박탈되어 아동의 삶이 질이 저하된다고 밝히고 있다.

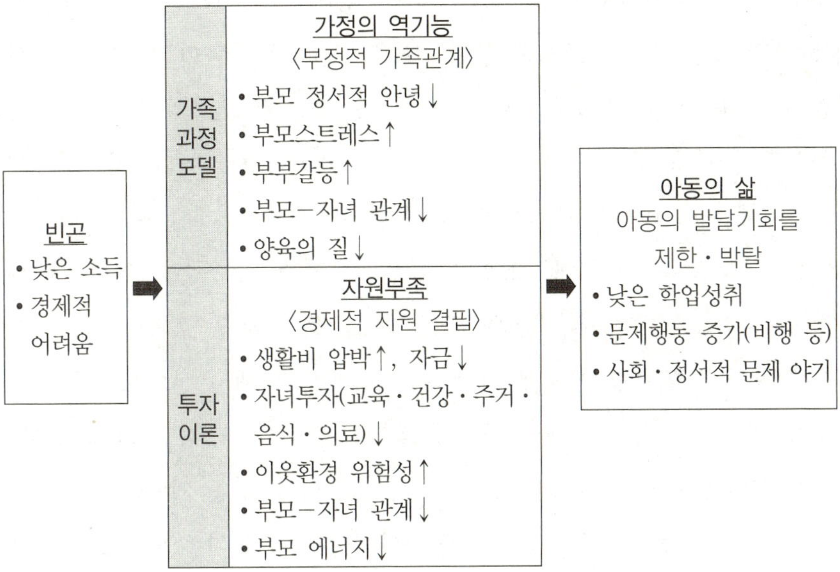

출처: 김효진(2008). 빈곤이 아동에게 미치는 영향. 보건복지포럼, 제139호, p. 39.

3) 아동기 특수성을 감안한 정책의 필요

우리나라의 빈곤아동을 위한 지원정책인 아동복지서비스로는 드림스타트 사업과 지역아동센터 운영사업이 대표적이다. 드림스타트 사업과 지역아동센터 지원사업은 최근 매년 중요한 아동복지사업으로 꼽히며 확대 혹은 내실화되고 있는 상태로, 이 두 가지 사업에 아동복지사업이 집중되어 있다. 이처럼 사실상 빈곤아동에게 특화된 정책이 부족한 우리나라 현실에서 이 두 사업이 비교적 아동기에 집중된 특화된 사업으로 평가되나 여전히 그 한계가 지적되고 있는 상황이다.

우선 지역아동센터부터 살펴보자. 지역아동센터는 2004년부터 설치, 운영되어 왔다(아동복지법 제52조 제1항 제8호). 방과후 돌봄이 필요한 지역사회 아동의 건전육성을 위하여 보호교육, 건전한 놀이와 오락의 제공, 보호자와 지역사회의 연계 등 종합적인 복지서비스를 제공하는 것이다. 지역아동센터는 만 18세 미만 아동을 대상으로 지원하는데, 국민기초생활보장 수급권자가정아동, 차상위계층가정아동, 보호상 한부모가정 아동, 조손가정아동, 다문화가정아동, 장애가정아동(아동본인 또는 장애가정 내 아동 포함), 기타 승인아동으로 보호가 필요한 아동에 대한 우선 보호를 위해 우선보호아동 비율을 지역아동센터 신고정원의 60% 이상으로 유지하도록 하고 있다. 현재 약 4,000개소의 지역아동센터가 정부의 지원을 받아 운영되고 있다. 지역아동센터의 한계는 그 기능이 빈곤아동의 돌봄에 집중되어 있어 빈곤아동의 복합적인 문제를 포괄적으로 다루지 못한다는 점이다.

다음으로 드림스타트사업은 0세(임산부)~만 12세(초등학생 이하) 저소득가정 및 아동을 대상으로 약 200개소(2014년 220개소)가 넘게 운영되고 있다. 드림스타트 사업은 취약계층 아동에게 집중적으로 맞춤형 통합서비스를 제공하기 위하여 아동복지허브기관의 역할을 강조하는 드림스타트센터를 운영하고 있는데, 드림스타트의 사업지역이 시군구 단위임을 감안할 때 하나의 드림스타트사업센터에서 그 지역에 해당하는 빈곤아동 모두를 커버할 수 없다는 한계가 있다. 또한 드림스타트 사업의 대상이 만 12세 이하 아동이라는 점에서 0~18세의 전체아동에게 일관성 있는 서비스가 시행될 수 없다는 점도 한계라 할 것이다.(물론 이러한 연령으로 인한 아동복지서비스 전달체계의 분절성은 빈곤아동만의 문제는 아니다.) 드림스타트 사업은 최근 서비스 지원대상을 모든 취약계층 아동으로 확대하여 전체 읍면동으로 확대하는 것을 목표로 하고 있으나 아직 충분치 못한 상태이다.

지역아동센터와 드림스타트사업과 같은 빈곤아동지원정책 자체의 한계 외에 실제 빈곤아동이 복지서비스를 이용하면서 겪게 되는 문제도 있다. 가장 대표적인 것이 결식아동지원방식이다. 결식아동은 방학 중 중식, 학기 중 토·공휴일 중식, 연중 조식을 지원받는다. 대부분의 아동은 지역아동센터와 같은 단체급식소에서 지원을 받지만, 이러한 시설을 이용하지 않는 경우는 도시락 배달이나 음식점 혹은 상점을 이용할 수 있는 전자바우처를 제공하고 있다. 그러나 결식아동 지원금액이 너무 낮으며 그 지원방식은 아동을 배려하지 못하였다는 지적이 있다. 결식아동에 대한 급식지원 단가와 지원방식은 아직 그 개선을 위한 논의조차 이루어지지 않고 있다.

● 빈곤의 핫이슈: 결식아동 지원

…서울시 등 지방자치단체들이 지급하는 결식 아동 급식카드의 한 끼 금액이 자장면 한 그릇 가격도 안 될 만큼 적은 데다 가맹 식당이 턱없이 부족해 아이들이 편의점 인스턴트 음식으로 끼니를 때운다는 지적이 일고 있다. 전용단말기 결제도 아이들을 난처하게 하는 것으로 알려졌다. 네티즌들은 "한 끼라도 제대로 밥 먹도록 식당 연계해서 다른 바우처를 개발하는 게", "저런 아이 본 적 있다. 창피한지 가지도 못하고 우물쭈물…주인 아저씨는 큰 소리 내 전화하고", "일 년 전까지 이 카드 썼던 학생입니다. 몇몇 업소는 저 카드 사용할 때 인상을 찌푸리고 저 카드를 내는 저도 창피했죠", "애들 상처 받게 저런 티나는 카드에 전용결제기라니", "편의점에 어린애들 와서 빵, 김밥, 과자 계산한다. 항상 금액에 맞추는 모습이 너무 안됐다. 애들도 의기소침하고. 개선책 좀 마련해라"며 쓴소리를 냈다.

자료출처: 이투데이(2015.1.26). [온라인 와글와글] 자장면 한 그릇도 못 먹는 결식 아동 급식카드…편의점으로. http://www.etoday.co.kr/news/section/newsview.php?idxno=1061874

제4절 빈곤으로부터의 탈출, 아동 삶의 질 제고

부유국을 대상으로 연구한 UNICEF(2012)의 보고서에 따르면, 아동빈곤에 대한 정부의 적극적 개입은 아동의 빈곤율을 감소시키는 효과를 보였다. 프랑스는 60%, 독일과 영국은 약 40%의 빈곤아동 감소효과를 보여주었다. 또한 이 보고서에서는 가족에 대한 공공지출이 증가할수록 아동빈곤율이 감소하는 것을 보여주고 있다. 그러나 우리나라에는 아동가족 관련 예산이 높지 않으며 선진국 대부분이 시행하고 있는 아동을 위한 수당제도가 부재하다. 아동수당제도는 빈곤아동만을 대상으로 하는 제도는 아니지만, 제도를 도입했을 때 탈빈곤효과가 큰 것으로 분석되고 있다.

저출산 고령화시대에 있어서 아동의 '삶의 질' 제고는 출산율 제고 정책과 함께 매우 중요한 사안이 된다. 빈곤 아동의 삶의 질을 제고하고, 이후 건강한 민주사회시민으로 성장시키기 위해서는 정부의 적극적 개입과 의지가 필요하다. 부유국에서도 경제적 불평등과 아동의 삶의 질 수준은 부적상관관계를 보이고 있는 것처럼, 건강한 사회건설을 위해서는 아동기 빈곤에 대한 적극적 개입이 필요하다. 한 예로 영국에서는 2010년 아동빈곤법(Child Poverty Act)이 통과되었고, 2020년까지 아동빈곤을 근절하겠다는 전략을 발표하였다. 영국의 경우 계속해서 빈곤에 대해 강력하게 대응하고 있으며, 이는 더 나은 사회를 만들기 위한 사회이동 전략 측면의 접근이다.

우리나라에는 지금까지 빈곤아동을 주요한 정책대상으로 하는 종합적인 지원대책이 부재하였다. 이제라도 최근 제정된 아동빈곤예방법에 따라 관련 기본계획을 수립하고 시행하여야 하며, 이를 계기로 지금까지의 빈곤아동지원정책을 검토하고 빈곤아동지원정책이 지향해야 할 방향을 설정하여야 할 것이다. 그리고 이러한 빈곤아동지원정책은 아동의 욕구 혹은 발달의 충족이라는 단순차원에서 나아가 아동권리 관점에 근거한, 아동빈곤에 대한 대응접근이어야 할 것이다.

제5절 아동기의 평등한 출발을 위한 고민

과거 아동기 빈곤의 문제가 빈곤국의 문제 혹은 부유국에서도 절대적 빈곤선 이하의 아동의 물질적 박탈 문제에 집중되었다면, 이제는 아동기의 불평등의 논의로까지 확장되었다. 이는 아동기 빈곤의 문제를 단순히 아동의 삶의 질 향상이라는 일차원 수준이 아닌 궁극적으로 사회의 건강성, 사회통합 등 좀 더 고차원, 다차원적으로 접근해야 함을 보여준다.

지금까지 빈곤의 다차원성과 빈곤아동의 삶의 질을 강조하였다. 사실 빈곤은 아동복지에서 방대한 영역을 차지하고 있기 때문에 이 장에서 빈곤과 관련된 다양한 이슈를 모두 다루지는 못하였다. 따라서 본 장에서 설명되거나 논의되지 못하였던 빈곤의 새로운 이슈들에 대해서도 추가로 살펴보길 제안한다. 예를 들어 아동기 빈곤의 원인이자 부정적 결과인 빈곤의 세습성, 빈곤의 영향 중에서 재조명되고 있는 경제위기가 아동기에 미치는 영향력, 주거빈곤과 같은 물리적 환경의 영향력 등이 그것이다.

참고문헌

김미숙, 배화옥, 조애저, 김효진, 홍미 (2007). 한국의 빈곤아동실태와 빈곤아동지원방안. 한국보건사회연구원.

김안나, 노대명, 김미숙, 신호성, 김태완 (2008). 사회통합을 위한 사회적 배제계층 지원방안 연구: 사회적 배제의 역동성 및 다차원성 분석을 중심으로. 한국보건사회연구원.

김태완 (2008). 아동빈곤에 대한 소고: EU 보고서를 중심으로. 보건복지포럼, 제165호, p.118-126.

김효진 (2009). 빈곤이 아동에게 미치는 영향. 보건복지포럼, 제139호, p.33-42.

노컷뉴스 (2013.8.20). 국내 아동의 12%, 최저기준 이하 집에서 생활. http://www.nocutnews.co.kr/news/1085941

문영희 (2012). 「아동의 빈곤예방 및 지원 등에 관한 법률」의 개정 및 보완방안. 법과정책연구, 12(2), p.519-23.

보건복지부, 한국보건사회연구원 (2014). 2013 아동종합실태조사.

여유진, 김미곤, 김태완, 양시현, 최현수 (2005). 빈곤과 불평등의 동향 및 요인분해. 한국보건사회연구원.

이재연 (2009). 빈곤아동도 공평하게 출발하기 위하여. 보건복지포럼, 제139호, p.1-2.

이주연, 김미숙 (2013). OECD국가와 한국의 아동가족복지지출 비교. 보건복지포럼, 203호, p.90-103.

이투데이 (2015.1.26). [온라인 와글와글] 자장면 한 그릇도 못 먹는 결식 아동급식카드… 편의점으로. http://www.etoday.co.kr/news/section/newsview.php?idxno=1061874

임세희 (2012). 주거빈곤이 아동발달에 영향을 미치는 과정 분석. 사회복지학, 62(4), 377-402.

정은희, 최새은, 이상균, 하태정 (2013). 아동빈곤의 특성, 한국보건사회연구원.

초록우산 어린이재단 (2014). 아동의 미래, 집에서 시작합니다.

Alderson, P. (2008). Economic alternatives and childhood poverty. *International Journal of Green Economics*, 2(1): 77 - 94.

Bradshaw, J. & Richardson, D. (2008). Does child income poverty measure child well-being internationally? *Social Policy & Society*, 7:4, pp.521-536).

EU (2008). Child Poverty and Well-being in the EU: Current Status and way forward.

Gerry Redmond, G. (2008). Child poverty and child rights: Edging towards a definition, *Journal of Children and Poverty*, 14:1, 63-82.

OECD (2009). Doing Better for children.

UNICEF (2007). An overview of child well-being in rich countries. *Report Card 7*, UNICEF Innocenti Research Centre.

UNICEF (2012). Measuring child poverty: New league tables of child poverty in the world's rich countries. *Report Card 10*, UNICEF Innocenti Research Centre.

UNICEF (2013). Child Poverty and Inequality.

Vleminckx, K. and T. M. Smeeding (2003). *Child Well-being, child poverty and child Policy in Modern Nation*. Policy Press.

제4장 학대로부터의 아동보호

성장 발달단계에 있는 아동은 사회구성원 중에서 가장 연약한 존재이다. 아동은 성인의 위력 앞에 무기력하고, 자신에게 불리한 일이 발생하여도 자신의 이익을 스스로 대변하는 능력이 형성되어 있지 않거나 아직 부족한 상태에 있다. 아동은 가정에서, 학교에서, 원가정을 대신하는 대안양육 현장에서 또는 지역사회 내에서 다양한 위험과 폭력에 노출되고 있다. 자신보다 연상의 다른 아동이나 타인에 의하여 위해나 손상을 입기도 한다. 또한 양육 책임을 포기하는 부모나 보호자로부터 유기되거나 방임되기도 한다. 유엔아동권리협약(이하 협약이라 칭함) 전문에는 "아동은 완전하고 조화로운 인격발달을 위해 가족적 환경과 행복, 사랑 및 이해의 분위기 속에서 성장하여야 한다."고 규정하고 있다. 협약을 비준한 당사국들은 아동에 대한 폭력, 학대, 착취 및 방임을 예방하기 위해 노력할 의무를 가지고 있다. 또한 발견된 아동학대에 개입(조사), 판정, 서비스를 지원 및 연계하는 아동보호체계(child protection system)를 설치하여야 한다.

아동보호체계는 학대로 고통을 받는 아동이 발견되어야 필요한 서비스를 제공할 수 있다. 아동은 스스로 자신의 처지를 외부에 알리지 못하므로 주위 사람들이나 신고의무자의 역할수행이 활발하지 않아서 매우 소수의 피해아동만 발견되고 있다. 아동학대 피해아동을 분리하여 보호할 필요가 있음에도 불구하고 친권과 양육권을 주장하는 보호자의 거부로 인하여 아동을 보호하지 못하여 더 큰 위험에 처하게 되기도 한다. 피해아동의 후유증 치료와 가족에 대한 서비스가 충분하지 않아서 재학대가 매년 증가하고 있다. 보호과정에서 아동의 의사를 어디까지 존중하고 받아들여야 하는가 하는 딜레마에도 봉착한다. 본 장에서는 피해아동을 위한 보호서비스가 아동의 권리 차원에서 충분한지 여부를 검토하고 개선방안을 제시하고자 한다. 또한 아동보호체계에 대한 국제적인 경향을 살펴보면서 우리나라 아동보호서비스 업무는 어느 수준에 있는지 점검해 볼 것이다.

제1절 아동보호서비스는 충분한가?

1) 발견되지 않는 학대 피해아동

● 아동권리협약 제19조 모든 형태의 폭력으로부터 보호

국가는 아동을 보호할 책임이 있는 부모와 보호자에 의한 어떠한 형태의 학대나 폭력으로부터 아동을 보호하여야 하며, 학대와 폭력을 예방하고 피해아동을 치료하는 데 필요한 사회적 프로그램들을 확립하여야 한다.

우리나라는 2000년 아동복지법의 개정으로 아동학대 개념의 정의, 신고의무제도와 아동보호서비스 체계인 아동보호전문기관의 설치가 법률로서 규정되었다. 그동안 가정 내 개인적인 문제로 간주되던 아동학대를 사회문제로서 대응하기 시작한 지 이제 15년에 이르렀다.

2011년도에 실시된 아동학대 실태조사에 의하면, 우리나라 가정의 25.3%에서 아동학대가 발생되고 있다(보건복지부 · 숙명여대 산학협력단, 2011). 아동학

대로 발견되고 판정된 건수는 2001년 2,105건에서 2013년 6,796건으로 323%나 증가하였다. 아동학대의 발견이 증가하였음에도 불구하고 2012년도 기준으로 아동학대로 판정된 아동은 아동인구 1,000명당 0.67명(보건복지부 · 중앙아동보호전문기관, 2013)에 불과하다. 이는 아동인구 1,000명당 9.2명이 발견되는 미국(Children's Bureau, 2014)과 비교할 때 매우 미미함을 알 수 있다. 우리나라 가정의 약 1/4에서 아동학대가 발생하고 있음에도 불구하고 발견되는 아동은 연간 10,000명을 밑돌고 있는 것이다. 법적으로 규정된 신고의무자에 의한 신고는 매년 전체 신고의 1/3 정도를 차지하며, 아동 자신이 스스로 신고한 경우는 1.6%에 지나지 않는다(보건복지부 · 중앙아동보호전문기관, 2014).

아동학대 피해아동에 대한 보호절차와 아동학대행위자에 대한 보호처분을 규정하여 가정 내에서 발생하는 아동학대에 사법부의 강력한 개입이 가능하도록 「아동학대범죄의 처벌 등에 관한 특례법－이하 아동학대특례법」이 제정되었다(2012년 9월 발의, 2014년 1월 법률로서 공포 및 2014. 9 시행). 아동학대를 적극 발견하기 위하여 그동안 아동복지법 상에서 규정하던 신고제도와 신고의무자 조항이 아동학대특례법으로 이전되었다. 신고의무자는 총 24개 직군에 종사하는 사람들로서 '아동학대를 알게 된 경우'에서 '아동학대를 의심하는 경우'까지 아동보호전문기관이나 수사기관에 신고하도록 규정하고 있다(아동학대특례법 제10조). 법의 취지는 가정 내 아동학대에 대응하기 위함이나 아동학대범죄의 정의가 형법상의 모든 죄목을 포괄하고 있어서 아동학대를 '범죄'의 요소가 있어야 신고하는 것으로 오해할 여지를 안고 있다. 아동학대 발생을 인지하고서 신고하지 않았을 경우 부과되는 과태료는 300만 원에서 500만 원으로 증액되어 신고의무자가 그 역할을 적극 수행할 것을 기대하고 있다. 그러나 사전에 학대발생을 인지하였는지 여부를 판단하여야 하고,

과태료 부과는 법원의 판결에 의한 부과가 아니라 지방자치단체장의 책임이어서 법적인 효력이 그다지 크지 못할 것이라는 우려가 높다.

학대로부터 보호가 필요한 아동을 적극 발견하기 위해서는 우선 신고의무자의 각 직군별 양성과정이나 보수교육 과정에서 아동학대의 범주 및 신고절차에 대한 교육을 반드시 실시하여야 한다. 또한 아동학대를 발견하였을 때에 어떻게 대처할 것인지에 대한 행동요령을 담은 지침서가 신고의무자 직군에 해당하는 사업장 특성별로 마련되어야 한다. 아동학대 범주에 대한 협의적인 개념뿐만 아니라 아동권리 관점에서 아동을 보는 인식의 변화를 유도하여야 한다.

일반 국민을 대상으로 아동학대에 대한 인식증진 교육이나 캠페인도 실시하여 아동학대의 심각성을 고취하여야 한다. 아동이 행복하게 성장하여야 할 가정이 아동의 권리가 침해되는 현장이 되지 않도록 아동학대의 조기발견과 조기개입을 위해 국민 한 사람, 한 사람이 학대로부터 고통을 받는 아동이 내 주위에 있는지 관심을 갖고 살펴보아야 할 것이다.

2) 서비스 대상에서 배제된 피해아동

● 아동권리협약 제3조 아동이익 최우선

> 아동과 관련한 모든 조치들은 아동의 이익을 최우선으로 고려하여야 한다. 국가는 아동을 보살필 책임이 있는 부모나 보호자들이 아동을 보살피지 못하게 될 때에 아동을 적절하게 보호하여야 한다.

우리나라에서 아동에 대한 국가보호서비스는 1961년 최초로 제정된 「아동복리법」에 의하여 전쟁고아나 가정으로부터 이탈한 가출・부랑아들을 요보호

아동으로 분류하고 아동양육시설에서 보호한 것에서 시작되었다. 현행법에서는 "보호자가 없거나 보호자로부터 이탈된 아동 또는 보호자가 아동을 학대하는 경우 등 그 보호자가 아동을 양육하기에 적당하지 아니하거나 양육할 능력이 없는 경우의 아동을 '보호대상아동'으로 규정"하고 있다(2014년 1월 개정아동복지법 제3조의4). 부모의 이혼, 가출, 수감, 실직에 의한 빈곤 등으로 가족이 아동을 보호할 수 없게 된, 아동학대가 아닌 '보호대상아동' 사례는 지자체에 배치된 1, 2명의 아동복지 담당공무원이 아동복지법 제15조(보호조치) 조항에 따라 가정위탁, 시설입소, 그룹홈 입소 등을 결정하고 배치하는 것으로 종결된다. 경찰에 보고된 아동학대 사례조차 자체적인 조사에 의해 국가보호가 필요한 경우 지자체로 바로 이관되거나 종결되어 왔다.

아동보호서비스 체계인 아동보호전문기관은 아동의 부모나 아동을 양육하고 보호할 책임이 있는 보호자가 아동을 학대하거나 방임하거나, 또는 향후 아동이 손상의 위험을 당할 우려가 있는 상황에 있을 때에 아동을 보호하기 위하여 작동하는 위기개입 체계로서의 역할을 담당하고 있다. 이러한 위기개입 체계는 누군가에 의한 발견 및 신고에 의해서 작동하게 되며, 아동학대로 판정된 사례에 대해서만 개입하게 된다(이봉주, 2006). 그 결과 아동학대로 신고·접수되지 않거나, 아동학대로 판정되지 않은 경우에는 전혀 개입하지 않게 된다. 2013년 신고·접수된 아동학대 의심사례 중에서 학대로 판정된 사례는 62.6%, 아동학대가 아니라고 판정한 일반사례는 26.1%, 발견 당시는 아동학대 사례로서 결정적인 징후가 파악되지 않아 '잠재아동학대사례'로 판정된 경우는 11.2%였다(보건복지부·중앙아동보호전문기관, 2014). 일반사례 또는 잠재아동학대사례로 판정된 사례는 예방차원의 개입이 필요하지만 제한된 인력과 인프라 및 예산문제로 인하여 개입대상에서 제외된다. 이는 향후 학대로 발전될 우려가 있는 것으로 자칫 아동이 보호받아야 할 권리를 침해받는 결과를 초래할 수 있다.

2014년 9월부터 시행에 들어간 아동학대특례법 시행으로 인하여 아동학대가 신고되면 현장출동 시 경찰과 아동보호전문기관이 상호 동행하는 의무가 주어졌고, 경찰에 신고되는 아동학대도 아동보호전문기관에 통보하고 함께 개입하게 되었다. 아동학대 신고가 112로 통합되어 초동 위기개입 시 경찰은 고 위험 아동학대 사례의 행위자 처벌과 관련한 사법적인 절차를 담당하고 아동보호전문기관은 피해아동의 보호에 주력하는 방향으로 전환하게 되었다. 아동보호전문기관은 학대발생 가정에 대해 적대적인 관계에서 조사하는 차원보다는 고 위험 사례의 피해아동 보호와 중 위험 사례에 대하여 아동과 가족의 욕구사정에 의한 서비스를 제공하고 연계하는 차등적 개입방법을 도입하는 것이 피해아동의 권리보호차원에서 바람직한 방안이라고 생각한다.

〈표 4-1〉 아동학대 발생 가족에 대한 차등적 개입방법

사례형태	고 위험사례	중 위험 사례	저 위험사례
개입 방법	• 집중적 가족보존 서비스 • 아동분리보호 법원명령 • 가정위탁, 입양, 형사적 기소	• 가족지원/안전계획에 따라 적정한 공식적인 서비스 제공 • 지역사회 지원기관활용	• 조기개입 • 가족지원센터 개입 • 공식적/비공식적 서비스 • 부모교육, 주택지원, 지역사회 옹호활동
책임 기관	• 아동보호서비스 기관 • 사법 경찰	• 아동보호서비스 기관 • 지역사회 파트너기관	• 지역사회 파트너기관

출처: Children's Bureau(2001), p.3. 미국공공휴먼서비스협회(APHSA)가 1999년 아동보호체계 가이드라인에서 모델로 제시한 차등적 대응을 미국보건성 아동국에서 재구성.

미국에서는 2000년경부터 전통적인 개입방법에서 차등적 대응(differential

response) 또는 대안적 대응(alternative response)을 도입하였고 현재 11개 주에서는 법으로 규정하고 있다(이호균, 2013). 〈표 4-1〉은 위험단계별로 아동학대 발생 가족에 대한 차등적 개입방법을 보여준다.

3) 국제적인 기준에 부합하는 분리보호절차

● 아동권리협약 제9조 부모와의 분리

• 사법적 심사의 구속을 받는 관계당국이 적법한 법적 절차에 의해서 분리가 아동의 이익을 최우선으로 보장하는 데 필요하다고 결정하는 경우를 제외하고 아동은 그 의사에 반하여 부모로부터 분리되지 않아야 한다. 또한 부모, 혹은 부 또는 모와 분리되더라도 부모와 관계를 유지할 권리를 갖는다.

● 아동권리협약 제25조 아동보호의 정기적인 검토

• 국가의 보호나 치료가 필요하여 가정보호 또는 시설보호 중인 아동은 그 보호가 아동에게 합당한 것인지 정기적으로 평가를 받아야 한다.

아동은 당연히 자신의 부모와 함께 살 권리가 있고, 부모의 따뜻한 사랑과 이해 속에서 성장하는 것이 아동이익을 최우선으로 보장하는 길이다. 그러나 부모가 자녀의 양육권과 친권을 남용하여 아동을 학대하거나 향후 학대할 위험이 있는 경우는 아동을 부모로부터 분리하여 보호하게 된다.

아동의 분리보호와 관련하여 협약에서는 사법적 심사의 구속을 받는 관계당국이 적용 가능한 법률 및 절차에 따라 아동이익을 최우선으로 보장하는 경우에 분리하여 보호할 것을 명시하고 있다. 협약 이행에 관한 가이드라인에는

"어떤 나라들은 제9조에 대해 유보적인 입장인데, 그러한 나라들은 사회복지 당국이 아동을 법원 청원이나 사법적인 심사 없이 분리하여 보호할 수 있는 권한을 가지고 있다는 것에 근거하여 협약 제9조를 유보하였고 이는 아동의 권리와 일치하지 않는다. '소년사법운영에 관한 유엔최저표준규칙(UN Standard Minimum Rules for the Administration of Juvenile Justice: 일명 베이징규칙)'에서 보호와 복지 절차를 포함시키는 것은 부모로부터 아동을 격리하는 것이 아동의 자유를 박탈하는 것과 같이 심각한 절차이기 때문"이라고 설명하고 있다(보건복지부・한국보건사회연구원・한국아동권리모니터링센터, 2009).

미국 펜실베이니아주에서는 부모로부터 아동을 분리하여 보호할 필요가 있다고 판단되는 경우, 아동보호기관(child protection agency)은 필요시 의사의 소견에 근거하여 긴급 격리보호를 할 수 있으나 반드시 법원의 허가를 받게 되어 있다(제6315조). 법원의 허가 없이는 아동보호기관의 어떠한 직원도 아동을 분리할 수 없음(제6369조)이 아동보호서비스법에 구체적으로 명시되어 있다(이호균, 2013).

아동학대특례법 시행 이전에는 아동복지법의 '현장조사' 조항에 근거하여 사법적인 심사 없이 아동보호전문기관이 운영하는 쉼터(공동생활가정)나 일시보호시설에서 72시간 아동을 분리하여 보호할 수 있었다. 3일 이상 격리보호가 필요한 경우에는 부모나 보호자를 설득하여 동의를 받은 후에 아동복지법 제15조(보호조치) 조항에 따라 지자체 장에게 공문으로 분리보호에 대한 승인을 받고 일시보호시설에서 6개월~1년간 보호하였다. 장기격리가 필요한 경우는 지자체 아동복지 담당공무원을 통하여 장기 아동양육시설로 아동을 입소케 하였다(보건복지부・중앙아동보호전문기관, 2008).

아동의 입장보다 부모의 완강한 거부로 인하여 재신고가 되었음에도 불구하고 강제로 아동을 분리 보호할 수 있는 법적 근거가 미약하여 아동이 사망한 경북 울주군 '서현이 사건'(2013. 10. 24 사망)은 아동분리보호와 관련한 사법적인 절차 도입의 필요성을 일깨워 주었다. 이 사건은 국회에 계류 중이던 아동학대특례법이 사건 발생 2개월 후 통과되어 아동보호서비스 과정에서의 사법적인 절차가 강화되는 계기를 마련하였다.

● 사례: 아동분리보호를 위한 사법절차 강화의 계기가 된 '서현이 사건'

2011년 5월 13일, 00아동보호전문기관에 "동네 유치원에 다니는 한 아이의 몸에서 멍이 발견됐다"는 신고 전화를 받고 상담원 2명이 현장에 파견되었다. 긴 옷 차림의 서현이 옷을 벗기자 발바닥, 배와 등에 심한 멍 자국이 발견됐다. 5일간 현장 조사와 면담을 마친 뒤, 아동보호전문기관은 전체 회의를 소집해 서현이를 '원가정에서 보호하되 지속적인 모니터링과 서비스 개입을 진행하자'고 결정했다. 이후 두 달 동안 가해자인 계모 박씨(13회)와 친아버지(1회), 유치원 교사를 통한 모니터링(6회) 등 20차례 상담이 이어졌다. 기관에서는 온몸에 있는 멍자국을 비롯해 상처를 치유하기 위해 서현이와 상담원이 병원을 방문해 소견서를 받았으며, 박씨의 동의를 얻어 심리 치료 계획도 수립했다. 서현이의 친아버지는 기관의 개입 사실에 상당한 거부감을 표현했다.

7월 22일, 가해자 박씨는 "새 출발을 하고자 한다"는 말을 남기고 서현이와 함께 ○○시로 이사를 갔다. ○○아동보호전문기관은 25일 ○○아동보호전문기관에 그간의 자료를 정리한 사례 이관 안내 공문을 발송했다. 다음 날 회의를 열어 상담원을 지정하고 박씨에게 상담 및 가정방문을 권유했지만 그녀는 이를 거부했다. 일주일 뒤 지정 상담원이 다시 연락했으나 그녀는 강경한 태도로 일관했다. 당시는 학대행위자가 거부하면, 아동보호전문기관이 강제로 개입할 수 있는 시스템이 없었다.

서현이를 향한 박씨의 학대도 재발했다. ○○아동보호전문기관의 마지막 개입 후 약 6개월이 지난 2012년 1월, 서현이는 '상세 불명의 두개골 내 손상'으로 병원에서 치료를 받았다. 3월에 울주로 이사를 간 뒤에는 상황이 더욱 악화돼 5월에는 대퇴부 골절, 10월에는 양쪽 손과 발에 각각 2도 화상을 입었다. 박씨는 이에 대해 각각 "아이가 학원 계단에서 넘어졌다", "샤워하다가 실수로 화상을 입었다"고 사람들에게 설명했다. 주변의 무관심과 아동보호전문기관 개입의 부재 속에서 서현이는 1년 뒤 싸늘한 죽음을 맞이했다.

[출처] 조선닷컴 작성 서현이 관련 기사 편집 (2014. 4. 8)

〈표 4-2〉 아동학대특례법에 따른 아동학대 업무처리도

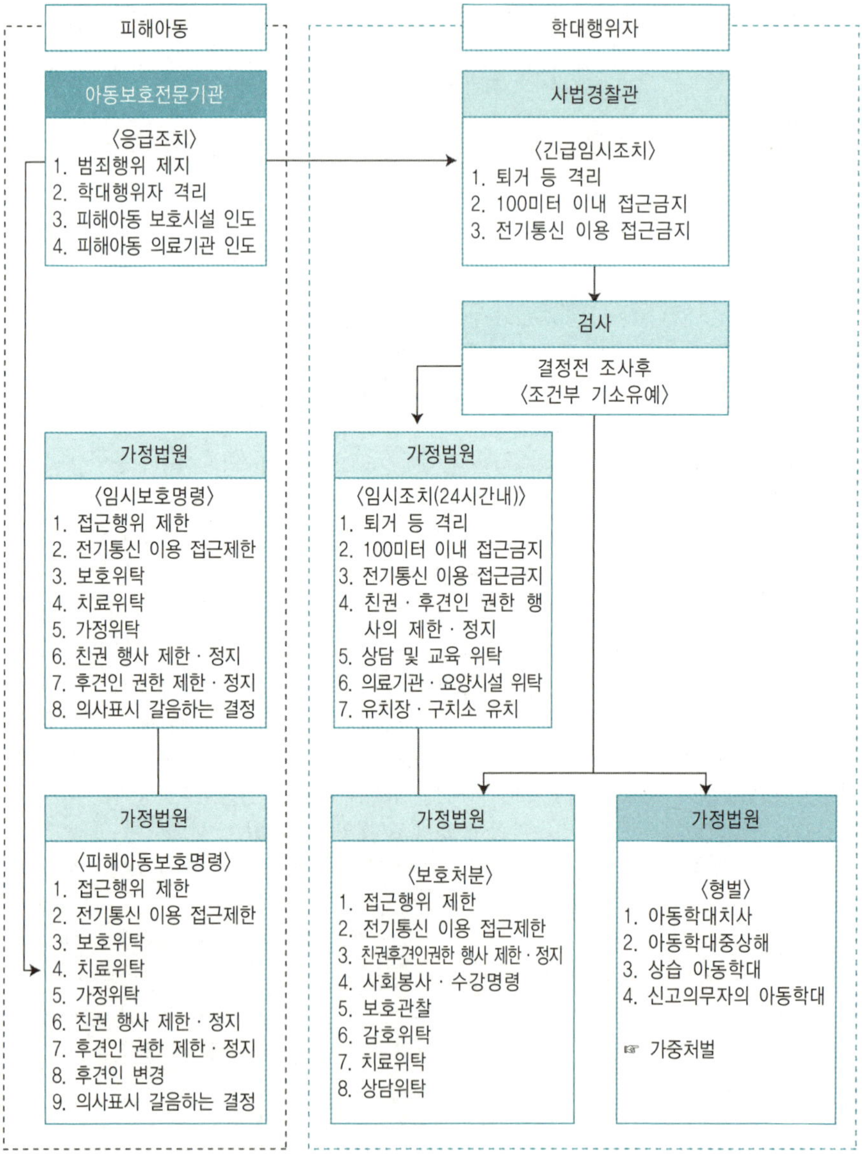

출처: 관계부처 합동(2014). 아동학대 예방 및 피해아동 조기발견 · 보호 종합대책(안)

2014년 9월부터 아동학대특례법이 시행되면서 우리나라도 법원의 판결에 의한 분리보호를 시행하게 되었다. 아동학대특례법 제11조(현장출동)에 근거하여 사법경찰관리와 아동보호전문기관 직원은 아동학대범죄를 신고·접수하면 지체 없이 현장에 나가며, 상호 동행을 요청할 수 있다. 제12조(피해아동에 대한 응급조치)에 의해 72시간 피해아동을 일시보호시설이나 의료기관으로 인도하여 분리보호 할 수 있으며, 응급조치결과보고서를 관할 경찰서의 장에게 송부하여야 한다. 응급조치에도 불구하고 아동학대가 재발될 가능성이 있을 때에는 사법경찰관은 아동학대행위자에 대해 긴급임시조치를 할 수 있고, 임시조치를 검사에게 신청, 검사는 관할 가정법원 또는 지방법원(가정법원이 없는 경우)으로 이송하게 된다.

〈표 4-2〉는 아동학대특례법에 따라 아동학대를 처리하는 업무절차를 보여준다.

사법경찰관과 검사를 통한 절차가 많은 시일을 요할 수 있어서 아동학대특례법 제47조에는 '가정법원의 피해아동에 대한 보호명령' 조항을 두고 판사는 직권으로 또는 피해아동, 그 법정대리인, 변호사, 아동보호전문기관의 장의 청구에 따라 피해아동에 대한 보호명령을 내리게 된다. 피해아동의 보호명령 기간(아동학대특례법 제51조)은 1년을 초과할 수 없으나 관할 법원의 판사는 직권으로 또는 피해아동, 그 법정대리인, 변호사의 청구에 따라 3개월 단위로 그 기간을 연장할 수 있으며, 총 기간은 4년을 초과할 수 없는 것으로 규정하고 있다.

아동학대특례법의 도입은 아동학대행위자인 아동의 보호자에게 경각심을 줄 것이며, 학대행위자에 대한 보호처분과 피해아동보호명령으로 아동과 가족의 회복을 도모할 수 있게 된다. 특히 피해아동보호명령을 3개월 단위로 연장하기 위해서는 아동의 보호결정에 대한 평가를 하여야 하며, 이는 개별아동 처우평가를 정기적으로 실시하라는 협약 제25조를 이행하는 길이 된다.

4) 재학대 발생 예방

● Key Factor, Child Maltreatment by WHO

- 학대받은 아동과 그 가족들을 지속적으로 보살피는 것은 재학대 발생을 예방하는 것이며 학대가 가져오는 결과를 최소화하는 것이다.
- 아동학대의 결과는 평생에 걸쳐 신체적·정신적 건강상에 장애를 유발하며, 사회적·직업적으로 성과를 내지 못하게 하여 궁극적으로는 한 국가의 경제적·사회적 발달을 지체하게 한다.

● 아동권리협약 제39조 아동피해자의 재활

국가는 무력분쟁, 고문, 방임, 학대나 착취를 받은 피해아동이 그 피해로부터 회복되고 사회로 복귀할 수 있도록 보장하여야 한다.

학대로부터 보호가 필요한 아동에게서는 여러 가지 후유증이 발견된다. 학대를 받은 아동에게 나타난 특성을 살펴보면, 반항·충동·공격성, 학습문제, 가출과 학교 부적응, 거짓말, 불안, 주의산만, 낮은 자아존중감, 애착문제, 우울 등의 특성을 보였다. 이러한 특성이 학대를 유발한 요인으로 볼 수도 있으나, 발견된 피해아동의 48.9%가 9세 이하의 연령이 낮은 아동인 것을 고려하면 학대유발요인이라기보다는 부적절한 양육으로 인한 학대의 후유증으로 보는 것이 더 타당하고 후유증 회복을 위한 서비스 지원이 필요함을 말해 준다. 아동학대사례의 81.9%가 가정 내에서 발생하였고, 80.3%가 피해아동의 부모인 아동학대행위자들의 특성 중 가장 두드러진 특성이 '양육태도 및 방법 부족'인 것과 무관하지 않음을 짐작할 수 있다. 아동학대행위자에게서 나타난 또 다른 특성으로는 '사회·경제적 스트레스 및 고립', '부부 및 가족구성원 간의 갈등'이 높은 비중을 차지하였다(보건복지부·중앙아동보호전문기관, 2014).

피해아동과 가족 및 학대행위자인 부모에 대해서 적극적으로 서비스를 제공하려고 노력하고 있으나 아동학대가 감소되기보다는 재학대로 신고되는 사례가 해마다 증가하는 양상을 보이고 있다. 2011년에 실시된 아동학대 실태조사에서는 중앙아동보호전문기관의 데이터베이스 자료를 토대로 2004년 ~ 2010년의 재학대를 종단적으로 분석한 결과 아동학대가 발생한 지 2년 이내에 재학대가 발생하며, 거의 10%에 가까운 사례가 4년~5년의 기간 내에 재학대가 발생됨을 확인하였다. 재학대 발생은 중복학대가 일어난 경우 및 방임 사례에서 발생률이 높았다(보건복지부·숙명여대 산학협력단, 2011).

학대받은 아동의 후유증이 치료되지 않고 방치될 때에 향후 가정에서 양산된 범죄자(홈메이드 크리미널)로 성장하여 국가적인 손실을 입게 된다. 조사결과 강력범죄자들의 66.7%가 성장기에 가정에서 고통을 받은 것이 밝혀졌다(중앙일보 2012. 5. 29자).

● 사례: 방치된 어린 시절, 그 분노가 범죄의 뿌리다.

경북의 한 교도소에 특수강도강간죄로 수감 중인 이모(41)씨. 그는 소년원 시절을 포함해 반평생에 가까운 18년을 감옥에서 보냈다. 그간의 전과 기록만 11건이다. 그는 아버지로부터 학대받고 방치된 어린 시절을 겪으면서 축적된 분노를 조절하지 못해 범죄의 늪에 빠진 경우다. 알코올 중독에 의처증이 심한 아버지의 폭행을 피해 네 살 때 어머니를 따라 집을 나왔던 그는 결국 13세 때 아버지를 살해했다. 아버지에게 대들다 우발적으로 벌어진 일이었다. 소년원 퇴소 후 삶은 돌이킬 수 없었다.

강도강간미수로 5년, 절도로 8개월, 특수강도강간으로 7년…, 우발적 범행에 따른 전과는 계속 쌓였다.

(출처: 중앙일보 2012. 5. 29자에서 발췌)

재학대 발생을 예방하기 위한 방안은 다음과 같은 차원에서 고려해볼 수 있다. 첫째, 대부분의 아동학대행위자가 피해아동을 양육하고 생존을 책임져야 하는 보호자이므로 벌금형이나 징역형과 같은 처벌 위주보다는 학대 재발을 방지하고 가족기능을 강화해 아동학대행위자가 건강한 사회구성원으로 통합될 수 있도록 치료 및 교정에 초점을 맞추어야 한다(박은미 외, 2008). 이를 위해서는 학대가 발생한 가족을 대상으로 가족중심 서비스를 제공한다. 가족중심 서비스는 아동을 학대하는 가정을 비난하고 위탁보호나 시설보호가 아동을 구하는 최선의 방법이라는 견해에 대해 반대하는 움직임에서 시작되었다(Nelson & Landsman, 1992, Shirman, 2003 재인용). 아동의 안전이 위협을 받을 때에는 물론 아동을 그 환경으로부터 분리하여 보호하여야 한다. 그러나 가족중심 서비스를 통하여 가족 기능의 회복과 유대감을 튼튼하게 하고, 아동의 성장환경이 개선되어서 재학대 발생을 방지할 수 있게 된다.

둘째, 아동학대 피해아동 중 성학대 피해아동 또는 장애아동(지적장애, 신체장애 등), ADHD 또는 비행·가출·도벽 등의 문제를 보이는 품행장애 증상 아동, 외국국적아동, 다문화가정아동 등 일반 양육시설 입소 자체가 불가능하거나 이들에 대한 특별보호 및 치료 상담 등이 불가능한 상황(김미숙 등, 2012)인 점은 피해아동의 회복과 재학대 감소에 방해가 된다. 가출·도벽·거짓말 등 품행장애, 신체적·지적 장애, 성학대 피해아동 등의 후유증 치료를 위한 치료시설과 전문 치료인력이 확충되어야 한다. 현재 아동보호전문기관이 운영하는 36개소의 일시보호시설 및 그룹홈 중에서 5개소에만 임상심리전문치료사가 배치되어 피해아동의 상담치료, 가족관계 향상 및 애착증진 프로그램을 제공하고 있고(관계부처 합동, 2014), 그 외는 지역사회 내 관련 병원 등과 연계하고 있으나 소아정신과 전공의사도 배치되지 못한 상황이어서 아동의 치료적인 회복에 어려움을 겪고 있다.

셋째, 2014년 9월부터 아동학대특례법에 의한 상담·치료·수강명령제도가 도입됨에 따라 법원의 보호처분 명령을 받은 아동학대행위자 대상의 서비스를 제공할 수 있는 기관의 선정, 전문 프로그램의 개발 및 보급이 시급하다. 아동학대행위자 상담 및 치료 프로그램은 보건복지부의 용역사업으로 2003년 안동현 등에 의해 처음 개발되었고, 중앙아동보호전문기관에서 아동보호전문기관 상담원을 대상으로 2004년과 2006년 이 프로그램에 대해 교육하고, 몇 개 지역에서 실제 현장에 도입하여 실시한 바 있다. 법원 지정에 의한 아동학대행위자 상담 및 교육과정을 아동학대행위자별 특성에 맞추어 좀 더 정교하게 설계하고 준비하여야 한다.

넷째, 지역사회 내에 학대가 발생할 우려가 있거나 발생한 가족에 대해 통합적인 서비스를 제공할 수 있는 네트워크를 구축한다. 아동보호서비스를 담당하는 체계가 모든 필요한 서비스를 단독으로 지원할 수는 없으며, 지역사회 내 아동과 관련된 기관들과의 협동을 통하여 더욱 효과적으로 서비스를 지원할 수 있다.

5) 아동보호서비스 과정에서 아동의 참여

• 아동권리협약 제12조 아동의 견해 존중

아동은 자신의 의견을 자유롭게 표현할 권리가 있으며, 아동에게 영향을 주는 어떠한 사건이나 절차에서도 아동의 의견이 고려되어야 한다.

아동보호서비스 과정에서 아동을 부모와 분리하여 보호를 결정할 때, 아동의 거취를 결정할 때 혹은 아동에 대한 서비스 계획을 세울 때에 아동은 자신의 의사를 자유롭게 표현할 권리를 가지며, 아동 자신에게 영향을 주는 절차에서 아동의 의견은 고려되어야 한다. 이때 아동의 연령을 고려하여 아동의 의견을 들어야 하고, 아동의 성숙도에 따라 아동의 의견에 비중을 두어야 한다는 것이 협약 제12조에서 강조하는 '아동견해 존중'이다.

아동의 의견을 반영하고 아동의 성숙도에 비중을 두도록 하는 협약의 아동참여의 권리는 아동이 전적으로 자신의 문제를 결정하는 권한을 갖는다는 의미는 아니다. 아동의 의견을 청취하고 아동과 관련된 결정을 내릴 때에 아동을 지도하고 조언하면서 아동이 참여할 수 있도록 부모와 성인들에게 그 책임을 부여하고 있다. 아동의 나이에 맞추어서 참여하는 기회를 주는 것은 아동의 건강한 발달에 필요하다. 성인들이 아동의 생각에 관심을 가지며 아동의 의견을 존중할 때에 아동의 자아존중감이 긍정적인 방향으로 향상된다. 아동이 의사를 결정하는 법을 배우게 되면 향후 행동적이고 책임 있는 사회 구성원으로 성장하는 데 필요한 기술을 터득하게 되는 것이다(Canadian Coation for the Rights of Children, 2002).

많은 국가들은 아동이 자신과 관련된 문제에 의견을 내고 그 의견이 청취되도록 아동에게 참여의 기회를 주는 법을 마련하고 있다. 예를 들어 노르웨이에서는 7세 이상의 아동의 견해와 의견을 고려하도록 정하고 있고, 영국은 의사를 표현할 수 있는 모든 아동에게 의사표현의 권리를 주고 있다. 협약에 비준하지 않은 미국도 아동복지제도에 있어서 아동참여의 권리가 강하게 자리 잡고 있다. 아동의 견해가 청취되도록 아동은 자신의 변호사(guardian ad litem)에게 말할 권리가 주어져 있어서 아동이익 최우선의 원칙을 도모하고 있다(Gilbert · Parton & Skivenes, 2011).

우리나라도 협약의 정신을 국내법에 적용하고자 노력하면서 「아동복지법」, 「아동 · 청소년성보호법」, 「입양특례법」, 「아동학대범죄의 처벌 등에 관한 특례법」 등에서 아동과 관계된 문제를 결정할 때에 아동의 의견을 존중하는 법조항이 도입되었다.[1)] 아동복지법에서 아동의 의견존중과 관련한 조항은 아래 도표와 같다. 「입양특례법」을 제외하고 아동 자신의 문제에 있어서 아동의 의견은 존중하되 아동의 연령을 규정하지는 않고 있다.

1) 「아동청소년의 성 보호에 관한 법률」 제24조(피해아동 · 청소년의 보호조치 결정) 법원은 아동 · 청소년대상 성범죄 사건의 가해자에게 「민법」 제924조에 따라 친권상실선고를 하는 경우에는 피해아동 · 청소년을 다른 친권자 또는 친족에게 인도하거나 제45조 또는 제46조의 기관 · 시설 또는 단체에 인도하는 등의 보호조치를 결정할 경우 그 아동 · 청소년의 의견을 존중하여야 하는 것으로 규정하고 있다.
「아동학대범죄의 처벌 등에 관한 특례법」 제12조(피해아동에 대한 응급조치)에는 사법경찰관리나 아동보호전문기관 직원이 피해아동에 대한 아동학대행위자로부터의 격리, 보호시설로의 인도, 의료기관으로 인도 등 응급조치를 실시할 때에 피해아동의 의사를 존중하여야 한다고 규정하고 있다.
「입양특례법」 제12조(입양의 동의) 제④항에서는 13세 이상의 아동을 입양하고자 할 때에 아동의 동의를 받아야 하고, 동법 제14조(파양) 제②항에서 가정법원은 파양이 청구된 아동이 13세 이상인 경우 입양아동의 의견을 청취하고 그 의견을 존중하는 규정이 있으며 아동의 상한연령을 13세 이상으로 정하고 있다.

〈표 4-3〉 아동의 의견존중 관련 아동복지법 조항

법명	조항	내용
아동복지법 (2014년 1월 개정)	第15조 보호조치	③ 시 · 도지사 또는 시장 · 군수 · 구청장은 제1항 제3호부터 제6호까지의 보호조치를 함에 있어서 해당 보호대상아동의 의사를 존중하여야 하며, 보호자가 있을 때에는 그 의견을 들어야 한다. 다만, 아동의 보호자가 「아동학대범죄의 처벌 등에 관한 특례법」 제2조 제5호의 아동학대행위자인 경우에는 그러하지 아니하다.
	第18조 친권상실 선고의 청구 등	③ 시 · 도지사, 시장 · 군수 · 구청장 또는 검사는 제1항 및 제2항에 따라 친권행사의 제한 또는 친권상실의 선고 청구를 할 경우 해당 아동의 의견을 존중하여야 한다.
	第19조 아동의 후견인의 선임청구 등	③ 제1항에 따른 후견인의 선임 및 제2항에 따른 후견인의 변경 청구를 할 때에는 해당 아동의 의견을 존중하여야 한다.
	第20조 아동의 후견인 선임	② 법원은 후견인이 없는 아동에 대하여 제1항에 따라 후견인을 선임하기 전까지 시 · 도지사, 시장 · 군수 · 구청장 및 아동복지전담기관의 장으로 하여금 임시로 그 아동의 후견인 역할을 하게 할 수 있다. 이 경우 해당 아동의 의견을 존중하여야 한다.

출처: 법제처 www.moleg.go.kr(검색일: 2014. 7. 24)

아동보호서비스 업무과정에서 아동을 부모와 분리하여 「아동복지법」 제15조에 의한 가정위탁 보호, 시설보호, 치료기관 입소 시 또는 「아동학대범죄의 처벌 등에 관한 특례법」 제12조에 의하여 피해아동에 대한 응급조치를 진행할 때에 아동의 의견을 존중하게 되어 있다. 그러나 자신의 의사를 표현하지 못하는 아동의 경우는 전문가의 판단에 의해서 결정할 수밖에 없다. 자신의 의사를 표현할 수 있는 아동의 경우 전문가의 입장에서는 분리보호가 필요하다고 판단되나 아동이 극구 부모와 이별하는 것을 원치 않을 때는 어느 수준에서 아동의 의견에 비중을 두어야 할 것인지, 어떠한 결정이 아동이익을 우선하는 것인지 판단하는 일은 쉽지 않다. 아동의 성숙도에 따라 아동의 의사에 비중을 두어야 하므로 법으로 상한연령을 정하지 않는 것이 바람직할 수 있다. 그러나 아동의 성숙도를 어떻게, 어떤 기준으로 판단하느냐 하는 또 다른 문제에 봉착하게 된다.

다양한 법체계 내에 아동견해 존중을 위한 조항들이 도입되었지만 아동의 의견을 청취하는 방법 등 좀 더 세밀한 법 적용 절차가 마련되어야 한다. 아동과 함께 또는 아동을 위하여 일하는 사람들을 대상으로 아동의 의견을 청취하고 의사결정 과정에 아동을 참여시키는 방법 등에 대한 훈련이 필요하다. 또한 가정과 학교, 대안양육 시설 및 사회 전반적으로 아동의 의견에 귀를 기울이고, 아동이 자신과 관련된 문제를 결정할 때에 참여할 수 있는 분위기가 확산되어야 한다.

아동보호서비스 현장에서의 사회복지사는 아동학대의 신고·접수, 아동학대 의심사례 여부 판단, 현장조사, 사례판정, 아동보호, 가족서비스 제공 및 연계 등 매우 중요한 역할을 담당한다. 아동의 관점을 정확하게 이해하지 못할 때에 사회복지사는 아동의 욕구에 효과적으로 반응하지 못하며, 아동의 권리를 증진하지 못하게 된다. 사회복지의 기본 가치에 대한 도전 중의 하나는 아동의 권리에 대한 분명한 견해를 유지하는 것이다. 아동의 능력과 힘을 인정하고 모든 단계의 결정과정에서 아동을 참여하게 하면서 아동을 학대와 착취로부터 보호하는 임무를 완수하도록 최선을 다하는 것이다. 아동과 함께 대화하고 그들의 의견에 귀를 기울이는 것이 아동의 보호받을 권리를 보장하는 기초가 된다는 인식이 필요하다(Jones & Walker, 2011).

● 아동보호 관점과 아동권리 관점에서 생각해 보기

신고된 아동학대를 조사한 결과 아동학대의 심각성이나 위험도가 높은 것으로 판단되었다. 그러나 피해아동이 그 부모와 함께 살고 싶다고 분명하게 의사 표현을 할 때 사회복지사는 어떻게 부모의 학대로부터 아동을 보호할 것인가?

제2절 아동보호체계의 국제적인 경향: 아동 중심 관점

아동학대 신고제도와 관련법의 제정 등에 의하여 1980년에서 1990년 초 전 세계적으로 아동학대가 급증하였고, 이에 닐 길버트(Neil Gilbert)는 9개 국가의 아동학대 신고제도에 대한 비교연구를 실시한 바 있다. 이 연구결과 아동학대 대응체계와 관련하여 '아동보호를 지향하는 관점'(child protection orientation)과 '가족서비스를 지향하는 관점'(family service orientation)이라는 두 가지 주요한 큰 특징이 있음을 확인하였다. 이러한 특징의 차이는 네 가지 관점의 차이에서 연유되었다. 첫째는 아동학대 문제를 보는 관점이 '아동보호 관점'에서는 퇴행적인 부모나 친척에 의해 야기되는 손상으로부터 아동을 보호해야 한다는 것에 반해서 '가족서비스 관점'에서는 아동학대를 사회·심리적 어려움에서 야기되는 가족의 역기능이나 갈등에 기인하는 문제로 보았다. 둘째는 아동학대를 보는 관점에 따라 '아동보호 관점'에서는 아동학대에 대해 매우 법적인 방법으로 조사적인 메커니즘이 작동되는 것에 반해서 '가족서비스 관점'에서는 가족의 욕구에 대해 서비스 지원 및 치료적 개입을 위하여 개입 초기에 욕구사정에 초점을 두었다. 그 결과 세 번째로 '아동보호

관점'에서는 아동복지 전문가들은 매우 적대적인 방법으로 기능을 하는 것에 반하여 '가족서비스 관점'에서는 특히 부모들과 파트너십을 이루면서 활동하였다. 넷째로 '가족서비스 관점'에서는 아동의 분리보호 시에도 부모가 자발적으로 조정하는 비율이 높은 것에 비하여 '아동보호 관점'에서는 주로 법원 명령에 의한 강압적인 방법으로 실시되었다. 미국, 영국 및 캐나다는 '아동보호 관점' 국가로, 스웨덴, 덴마크 및 핀란드는 신고의무제도가 있는 '가족서비스 관점' 국가로, 벨기에, 네덜란드 및 독일은 신고의무제도가 없는 '가족서비스 관점' 국가로 분류되었다. 그러나 모든 나라들이 어느 관점 하나에 적확하게 들어맞는 것은 아니며, '아동보호 관점'과 '가족서비스 관점'의 차이점이 종종 수정된 방향에서 대안적인 접근법으로 채용되고 있었다(Gilbert, 1997).

상기 9개 국가에 노르웨이를 추가한 10개 국가에 대하여 1990년 중반부터 최근까지의 아동보호체계에 대한 비교연구가 다시 진행되었다. 국가별 아동학대에 대한 관점과 개입방법의 차이는 에스핑 엔더슨(Esping-Andersen, 1990)의 분류인 자유주의 국가(앵글로 아메리카), 보수주의 국가(대륙) 및 사회민주주의 복지국가(노르딕) 유형과 우연히도 일치하고 있었다. 연구결과 '아동보호 관점'과 '가족서비스 관점' 정책 사이에 균형을 이루려는 시도들이 일어나고 있었고, 대안적인 접근법으로서 '아동 중심을 지향하는 관점'(child-focused orientation)이 새롭게 도입된 것이 확인되었다. 이 관점은 아동학대와 방임의 위기에서 아동을 보호하는 것을 넘어서서 아동의 전인적인 발달과 복지를 보장하는 것이다. 핀란드와 노르웨이에서는 '아동에게 친근한 사회(child friendly society)'를 만드는 방향으로 정책이 구현되고 있고, 미국, 영국 및 독일에서도 전반적인 '아동 중심 관점' 정책들이 실현되고 있다. 이 관점은 아동의 입장에서 아동의 욕구, 역량 및 성숙도에 부응하는 제도들을 마련하는 것이다

(Gilbert · Parton & Skivenes, 2011).

이러한 관점이 도입된 배경에는 앤서니 기든스(Anthony Giddens, 1998; Gilbert · Parton & Skivenes, 2011 재인용)가 전통적인 복지국가에 대한 대안으로서 '사회적 투자 국가'라는 용어를 처음 사용하면서 최근 OECD나 EU에서도 그 아이디어를 채택한 데서 연유된다. 복지에 있어서 국가의 역할로서 시장의 변덕으로 인한 개인적인 곤경에 대해 보상하는 것에서부터 사회적 부를 창출하기 위하여 개별화된 인적 자원에 투자하는 개념이다. 사회적 투자는 개인적, 국가적인 경쟁력을 향상하기 위하여 세계적인 경제변화에 자국민이 적응하도록 준비시키는 전략적인 중요성을 내포하고 있다. 또한 개별화에 대한 중요성이 부각된 것도 한 이유이다. 아동은 부모와는 별개의 인격체로서 아동에 대한 투자는 아동의 발달적인 기회와 교육을 극대화하고 건강과 복지를 향상시키는 것이 사회적, 경제적인 정책의 주요한 우선순위가 되었다. 그러나 아동은 미래의 역군이면서 현재를 살아가는 시민이고 투자의 대상만이 아니라 사회적, 정치적 및 법적인 권한을 가지고 있는 사회구성원이다. 이러한 개념은 1989년 협약의 비준으로 더욱 구체화되었으며, 그 결과 '아동 중심 지향적인 관점'이 도입되었다. '아동 중심 관점'은 미래지향적이며, 아동기는 성인기에 대한 준비기간으로서 아동에 대한 투자는 향후 생산적이고 법을 잘 지키는 성인으로 성장하도록 계획된다. 이러한 관점의 특징들을 〈표 4-4〉로 간단히 정리하였다.

〈표 4-4〉 아동학대 대응과 국가의 역할

	아동보호 (Child Protection)	가족서비스 (Family Service)		아동 중심 (Child Focus)
개입동인 (Driver for intervention)	부모가 자녀를 방임하고 학대	개별 단위 가족에 대한 지원의 필요		현재와 미래 관점에서 바라본 개별 아동의 욕구: 사회에 공헌하는 건강한 시민양성에 대한 사회적 욕구
국가의 역할 (Role of the state)	법적 제재: 국가는 아동의 안전을 위하여 "경비견" 역할	부모지원: 국가는 가족관계 강화를 도모		온정주의, 가족분리 국가가 부모 역할, 그러나 위탁가정, 친인척 보호, 입양으로 아동에게 가정회복
문제의 구성 (Problem frame)	개별 · 도덕적 요인	사회 · 심리학적 요인(제도, 빈곤, 인종주의 등)		아동발달과 불공평한 성과 초래
개입방법 (Mode of intervention)	법적, 조사적	치료적 욕구사정		조기개입과 조정 및 욕구사정
개입목적 (Aim of intervention)	보호, 손상 감소	예방, 사회적 결속	➡	사회적 투자를 통한 아동의 복지증진 또는 공평한 기회 제공
국가-부모 관계 (State-parent relationship)	적대적	파트너십		대리적, 파트너십
권리의 균형 (Balance of rights)	법적인 수단에 의한 아동권리/부모의 권리 강화	전문적 사회복지사의 중재 및 가정생활에 대한 부모 권리 중시		아동의 권리 보장과 부모의 책임
비교국가	자유주의: 미국, 영국, 캐나다	보수주의: 벨기에, 독일, 네델란드 (신고의무제도 없음): 사회민주주의: 스웨덴, 덴마크, 핀란드, 노르웨이 (신고의무제도 있음)		

출처: Gilbert · Parton & Skivenes(2011). Child Protection Systems, p.255를 재구성

미국의 아동보호기관은 아동의 안전성(safety), 영구성(permanency) 및 웰빙(well-being) 증진이라는 정책 목표 아래 아동 중심적 업무를 수행하고 있다. 또한 가족사정에 있어서는 가족 지향적으로 가족의 강점에 기반하며 문화적 감수성을 가지고 업무를 수행하게 되어 있다. 이러한 원칙이 지켜지기 위해서는 아동이 친숙한 지역사회와 분리되지 않고 서비스를 제공받아야 하므로 지역사회에 기반을 둔 서비스 기관을 활용하게 된다(Goldman, Salus, Wolcott & Kennedy, 2003). 미국 아동보호기관의 이러한 업무원칙들은 '아동보호 관점'국가였던 미국이 '가족서비스 관점'을 도입하고 '아동 중심 관점'으로 발전하였음을 보여준다.

우리나라는 미국의 아동보호서비스 업무를 도입하였으나 아직은 '아동보호 관점'에 머물러 있으면서 조사적인 개입조차 미흡한 상황에 있다고 할 수 있다. 보건복지부의 아동학대예방 및 지원사업의 목적은 '모든 아동을 학대로부터 보호', '아동의 권익 및 안전 최우선 추구', '가족기능 강화 및 가족 보존', 그리고 '아동이 행복한 사회 조성'으로 설정되어 있다(보건복지부 홈페이지 참조). 정책의 목적은 '아동 중심 관점'과 '가족서비스 관점'을 표방하고 있으나 그러한 관점이 적용된 업무수행 원칙은 찾아보기 힘들다. 향후 정책의 목적을 이행하기 위한 업무수행 원칙과 방향에 대한 연구가 필요하다.

제3절 아동의 안전이 보장되는 사회

1998년 4월 SBS TV '뉴스추적 사건과 사람들'을 통하여 발견된 '서영훈, 서보람'사건은 우리 사회가 아동학대를 가정 내 문제가 아닌 사회문제로 인식하게 하였고, 국가가 가정 내 문제에 개입하는 법적 근거가 마련되었고, 아동보호서비스 업무가 아동복지의 한 분야로 정착하는 계기가 되었다.

해마다 발견되는 아동학대는 꾸준히 증가하고 있다. '아동학대'라는 용어도 매스컴에서 자연스레 사용되고 있으며, 아동학대의 심각성에 대한 국민적인 인식도 높아져 있다. 그러나 2014년 9월 아동학대특례법의 시행으로 사법경찰에 의한 공적인 개입이 최근에야 도입되었다. 피해아동의 발견과 보호, 후유증 치료, 가족의 회복 등을 위한 충분한 인프라와 예산은 확보되어 있지 못한 상황이라서 매년 재학대 발생이 증가하고 있다.

선진국들의 아동학대에 대한 대응관점이 '아동보호 관점'에서 '아동 중심 관점'으로 전환된 것은 아동학대에만 초점을 맞추지 않고 아동의 전인적인 발달과 안전을 보장하는 정책으로 나아감을 의미한다. 위기개입체계로서의 아동보호서비스의 충실한 이행과 더불어서 조기개입과 조기발견을 위한 예방체계의 확충으로 아동의 안전이 전반적으로 보장되는 사회로 나아가고자 하는 정책의 도입이 필요하다.

참고문헌

관계부처 합동 (2014). 아동학대 예방 및 피해아동 조기발견・보호 종합대책(안)

국무조정실, 보건복지부 (2014). 아동학대 방지 대책 추진현황 및 추진계획.

김미숙, 김혜련, 김광혁, 양심영, 이주연, 하태정 (2012). 아동권리증진을 위한 아동정책 발전방안 연구, 124-128. 서울: 보건복지부・한국보건사회연구원.

박은미, 김광빈, 김성천, 이봉주, 이혜원, 이호균 외 (2008). 아동과 가족: 통합적 접근, 228-243. 서울: 한울아카데미.

법제처. www.moleg.go.kr (검색일: 2014. 7. 24)

보건복지부, 숙명여자대학교 산학협력단 (2011). 아동학대 실태조사, 215-227, 283-300. www.mw.go.kr.에서 2014. 7. 30 인출.

보건복지부, 중앙아동보호전문기관 (2008). 아동보호전문기관 업무수행지침, 83, 86. 서울: 보건복지부.

보건복지부, 중앙아동보호전문기관 (2013). 2012 전국아동학대 현황보고서, 71, 서울: 보건복지부・중앙아동보호전문기관.

보건복지부, 중앙아동보호전문기관 (2014). 2013 전국아동학대 현황보고서, 67, 75, 77, 81-84, 89, 140 및 178, 서울: 보건복지부・중앙아동보호전문기관.

보건복지부, 한국보건사회연구원・한국아동권리모니터링센터 (2009). 아동권리협약 이행 핸드북, 253. 서울: 한국보건사회연구원.

이봉주 (2006). 한국 아동보호서비스 전달체계의 현황과 쟁점, 아동보호체계 개편을 위한 심포지움 자료집, p.14-17. 수원: 국회의원 이기우, 경기도의원 조복록, 김형식.

이호균 (2013). 미국의 아동보호체계, 아동보호체계 연계성 제고방안, 68-69. 서울: 한국보건사회연구원.

조선일보 (2014. 4. 8). 아동학대 예방정책, 이대로 괜찮은가? http://news.chosun.com/site/data/html_dir/2014/04/07/2014040702388.html

중앙일보 (2012. 5. 29). 방치된 어린 시절, 그 분노가 범죄의 뿌리다. http://article.joins. com/news/article/article.asp?total_id=8308602

Canadian Coalition for the Rights of Children (2002). Rights of Child Protection and the United Nations Convention on the Rights of the Child, p.7.

Children's Bureau (2001). National Study of Child Protective Services: Systems and Reform Efforts, *Literature Review*, p.3. Washington D.C.: U.S. Dept. of Health and Human Services.

Children's Bureau (2014). Child Maltreatment 2012, p.19. available online at http://www.acf.hhs.gov/programs/cb/resource/child-maltreatment-2012

Goldman, J., Salus, M., Wolcott, D. & Kennedy, K. (2003). *A Coordinated Response to Child Abuse and Neglect: The Foundation for Practice*, p.16, 51 & 76. Washington D.C.: Children's Bureau, U.S. Dept. of Health and Human Services.

Gilbert, N. (1997). *Combatting Child Abuse: International Perspectives and Trends*, p.238-240. New York, Oxford: Oxford University Press.

Gilbert, N., Parton, N., & Skivenes, M. (2011). *Child Protection Systems: International Trends and Orientations*, pp. 3-12, & 243-256. New York, NY: Oxford University Press.

Jones, P. & Walker, G. (2011). *Children's Rights in Practice*, p.167. London: Sage.

Shireman, J. (2003). *Critical Issues in Child Welfare*, 185. New York: Columbia University Press.

World Health Organization (2014). Child Maltreatment, fact sheet N.150, p.1. available online at http://www.who.int/mediacentre/factsheets/fs150/en/

제5장

친 가정 밖의 아동

우리 사회에는 다양한 이유로 자신의 친 가정에서 자라지 못하는 아동들이 있다. 그 아동들을 위해 국가적 차원에서 마련한 공공아동복지서비스를 가정외보호 서비스(out-of-home care services) 혹은 대안양육제도라고 부른다. 이 서비스체계에는 아동양육시설, 가정위탁, 그룹홈(공동생활가정) 등이 포함된다. 아동 안전에 위협(예: 학대)이 있거나 가족 내에서 해결할 수 없는 아동의 심각한 신체적 혹은 행동적 문제가 있을 때 아동을 자신의 가정에서 분리하여 대리적(substitute) 양육을 제공한다(U.S. Department of Health and Human Services, 2012; 강현아 외, 2012 재인용). 친부모/친가정의 기능이 회복되어 아동을 다시 양육할 수 있을 때까지, 혹은 새로운 적합한 영구적(permanent) 가정(예: 입양가정)을 찾을 수 있을 때까지 일정기간 동안 일시적으로 양육자 역할을 대신해주는 것이다. 여기서 성장하는 아동들을 주로 '요보호아동'(children in care/children in need) 혹은 '가정외 보호아동'이라고 부른다.

제1절 최근 많은 변화를 보여 온 우리나라 가정외 보호서비스정책

우리나라의 가정외 보호서비스 보호 형태는 오랜 기간 동안 가장 전통적 형태인 아동양육 시설보호가 주를 이루어왔다. 그러나 UN아동권리위원회의 2차 정부보고서에 대한 권고에 따라 급작스럽고도 빠른 변화가 시작되었다. 2003년 가정위탁보호제도, 2005년에는 그룹홈에 대한 법적, 예산적 지원 근거가 마련된 것이다.

우리나라는 유엔아동권리협약(이하 협약이라 칭함) 비준 후 각각 1994년과 2000년에 1차, 2차 보고서를 제출하였다. 정부보고서에 대한 권고문을 각각 1996년, 2003년에 받았는데 1차 권고문에서는 소년소녀가장에 대한 문제점이 언급되었고, 2차보고서에 대해서는 시설의 소규모화와 가정과 유사한 환경에서 아동이 성장할 수 있게 하라는 권고를 받았다. 이러한 영향으로 아동복지정책의 흐름은 소년소녀가정제도를 지양하고, 그룹홈의 운영을 통한 시설의 소규모화 및 가정위탁제도를 통한 가정보호로 이어지게 되었다.

● 아동권리협약 제20조 가정이 없는 아동의 보호

국가는 가정환경을 박탈당한 아동에 대해서는 특별한 보호조치를 제공하고, 그러한 경우에 적절한 대체 가족양육 및 기관 배정이 이루어지도록 할 의무가 있다.

과거 고아원으로 불리던 아동양육시설은 잘 알려졌다시피 아동을 자신과 혈연관계가 없는 성인이 시설환경에서 보호하는 아동복지제도이다. 미국에서는 1909년 아동에 관한 백악관회의(White House Conference on Children)

를 통해 아동을 대규모 시설의 환경보다는 가정환경과 유사한 환경에서 양육하는 것이 좋다는 아동복지정책의 기본 방향을 정하였다. 이후 시설보다는 가정위탁이 아동에게는 더 적절한 환경이라는 데에 폭넓은 동의가 서구 중심으로 형성되었고, 우리나라에서도 가정위탁서비스가 적극적으로 활용되기 시작하였다(Kang, Chung, Chun, Noh, & Woo, 2014). 그룹홈도 비슷한 맥락에서 대규모시설이라는 집단 양육환경을 지역사회 내 일반가정과 유사한 소규모 집단 양육환경으로 전환한 것으로, 그 보호아동의 수가 꾸준히 증가하고 있다. 이러한 정책의 기조 속에 양육시설에 대해서는 서구의 모델처럼 전문적 치료개입을 제공할 수 있는 치료시설로서의 전환이라든지, 유휴공간을 다른 기능으로 활용하는 다기능화의 필요성이 지속적으로 제기되어왔다(김통원 외, 2005). 그러나 전문인력과 예산의 부족, 양육시설에 대한 사회적 인식의 변화 어려움 등의 이유로 정책 실행이 쉽지는 않은 상황이다.

요보호아동의 배치에 대한 정책적 가이드라인(아동복지법 제15조 제4항)은 우선 아동이 가정에서 성장할 수 있는지를 고려한 후 그렇지 않은 경우는 연고자가정(대리위탁이나 친인척가정위탁)에 배치를 고려하고, 이것이 안 될 때 가정위탁, 시설보호 순으로 배치를 고려하도록 되어 있다. 이 원칙에는 2012년 아동복지법 개정을 통한 변화가 포함된다.

제2절 가정 밖에서 성장하는 아동들은 누구인가?

우리나라 가정외 보호체계에서 양육되고 있는 아동의 비율을 각 보호유형별로 살펴보면 매년 조금씩의 차이는 있으나 시설보호와 가정위탁보호 아동이 비슷한 비율을 차지하고 있으며 그룹홈 아동의 경우는 다른 두 유형의 30% 정도 수준으로 나타난다.

그렇다면 친 가정 밖에서 자라는 아동들의 특징은 어떨까? 보호유형별 차이는 있을 수 있으나 대략적으로 아래와 같이 정리할 수 있다.

● 친 가정 밖 아동 통계

- 지난 2004년~2013년 아동이 가정외 보호서비스에서 양육되는 가장 주요한 사유는 빈곤/실직 등 가정의 경제적 불안정과 미혼모자녀이다(보건복지부, 2013).
- 우리나라 아동들이 가정외 보호서비스체계에서 평균적으로 보호되는 기간은 '놀랍지만' 정확히 알지 못한다.
- 가정외보호에서 다시 친가정으로 돌아가는 아동의 비율도 정확히 알지 못한다.

앞에서 지적한 것을 보면, 우리나라 아동은 아동학대나 방임 등의 이유로 강제로 가정에서 분리되어 가정외보호체계로 온다기보다는 주로 가정의 양육 불안정 때문에 체계로 들어온다는 것을 알 수 있다. 이것이 친가정에 아동을 포기하기 전 적극적 개입이 필요한 이유이다.

● 아동권리협약 제9조 부모와 함께 살 권리

아동의 최선의 이익에 부합하지 않는다고 간주되는 경우를 제외하고, 아동은 자신의 부모와 함께 살 권리를 가지고 있다.

이러한 문제점을 정부도 인식한 듯, 최근 정부는 「사회보장기본계획」을 통해 '아동과 원 가정 분리를 최소화하고 대안양육제도(가정위탁, 그룹홈, 아동

양육 시설 등)가 아동 친화적 방식으로 운영될 수 있는 기반을 조성하겠다'고 발표하였다.

한편 가정 밖에서 자라는 아동들이 거기서 평균적으로 어느 정도 기간 동안 성장하는지, 또한 얼마나 많은 아동들이 가정으로 다시 돌아가는지 정확히 알지 못하는 주된 이유는 국가적으로(중앙정부 차원에서) 세 보호유형을 통합하여 매년 정기적이고 체계적으로 사례 수준에서 정리하는 통합적 통계수집체계가 없기 때문이다. 즉 가정외보호체계에서 보호받은 각 아동에 대한 사례별 통합적 통계가 부재하므로 친가정복귀율도 간접적으로나마 보건복지부의 퇴소사유 중 친가정복귀 비율을 통해 파악하는 방법밖에는 없다(강현아, 2012).

가정위탁아동의 경우, 최근의 자료(중앙가정위탁지원센터, 2014)에 의하면 평균 5년 정도인 것으로 나타났다. 그러나 여러 선행연구 결과(강현아, 2010; Kang et al., 2014)에 의하면 시설을 퇴소한 청소년의 경우 평균 11.2년 동안 시설에서 양육되었던 것으로 나타났고, 현재 보호체계에서 아직 보호되고 있는 13~14세 가정외 보호아동의 경우 8년 정도로 나타나 그 기간이 매우 장기간임을 알 수 있다. 미국의 경우 최근의 통계(Children's bureau, 2013)에 따르면 가정외 보호아동의 평균 보호기간은 2년 정도로 나타나 우리나라의 아동들이 얼마나 장기간 보호되고 있는지를 알 수 있다.

제3절 '아동'이 소외된 가정외 보호서비스

1) 아동을 보호하는 주체의 부재

우리나라에는 보호가 필요한 아동이 발생했을 때, 보호자의 보호 의뢰를 받을 때는 아동의 최상의 이익을 위하여 필요한 보호조치를 하여야 한다는 법률 조항(아동복지법 제15조 제1항)이 있다.

가정외 보호아동은 친부모 대신 국가가 아동의 보호와 양육의 책임을 지고 아동을 보호해야 하는 공공(public) 아동복지 체계임에도 불구하고, 우리나라의 경우 여러 가지 측면에서 국가가 아동보호의 책임을 지고 있다고 보기 어렵다. 가장 주요한 문제점으로는 아동이 보호체계에 있는 동안 '부모'역할을 해야 하는 국가의 역할 부재를 꼽을 수 있다.

가정외 보호서비스를 포함한 아동복지사업은 정부의 지방분권화 추진에 따라 2005년 지방이양사업으로 전환되었다. 이는 가정외 보호서비스에 대한 예산 책임과 정책결정 권한을 각 지방자치단체(지자체)가 갖게 되었다는 것을 의미한다. 그러나 지방이양사업으로 전환된 이후에도 각 지자체의 열악한 예산을 고려하여 분권교부세와 국고보조금을 통해 가정외 보호서비스에 대한 중앙정부의 재정지원이 지속적으로 이루어져왔다. 예산지원에도 불구하고 중앙정부는 지자체의 가정외보호 예산 운용 현황, 아동에 대한 최소한의 기본적 데이터, 정책 방향 등에 대해 파악하지 않고 있으며, 모니터링체계나 최소한의 의무적 지출 규정도 마련하지 않은 상황이다(강현아, 우석진, 정익중, 전종설, 2012). 즉 사회취약계층인 보호아동을 대상으로 한 가장 선별주의적인 서비스에 대해 국가적 차원의 책임이 부족하다. 가정외 보호서비스는 아동보호서비스와 함께 중앙정부가 보호의 책임을 가지고 시행해나가야 하는 공공아동복지서비스임에도 불구하고 서비스에 대한 국가목표와 국가의 보호기준(national standard)조차 없는 상황이다(강현아 외, 2014). 또한 국가의 개입 부족은 아동이 보호체계에 있는 동안 부모의 책임을 강제할 법적 근거와 제재조치의 부재로 이어지고 있다.

제대로 보호를 할 예산이 미미하다는 점도 국가의 보호역할 부재를 단적으로 보여주고 있다. 중앙정부에서 가정위탁, 그룹홈, 시설양육에 배정된 예산 금액을 각 년도별로 살펴보면 2014년도 예산은 172억 9천만여 원으로 아동복지예산의 8% 정도의 비중을 차지하였다(보건복지부, 2014). 보건복지부 아동복지사업이 요보호아동 중심인 것을 감안하면 매우 낮은 비중이라 할 수 있다. 지자체 가정위탁 예산도 열악함은 마찬가지이다. 전국 19개 광역지자체 가정외보호 예산 규모는 2011년 기준으로 총 1,548억 9천만 원 정도였으며, 해당 지자체 아동복지예산에서의 비율은 평균 27%로 나타났다. 그러나 각 지역별 예산 규모, 아동복지 예산에서의 비율에 있어 큰 차이를 보였으며 예산 내역 또한 매우 다양하였다(강현아 외, 2012).

또 다른 문제는 국가는 자신의 보호하고 있는 아동들이 '누구인지' 모른다는 점이다. 앞서도 설명한 바와 같이 가정외보호 체계 내에 있는 아동은 국가의 책임 하에 관리되어야 하는 아동들이지만 국가는 이 아동들을 개별적으로는 파악하지 않고 있다. 즉 전체적 집단 수준에서의 전체적 통계 외에는 갖고 있지 않다. 아동에 대한 데이터 및 통계수집의 문제점은 유엔아동권리위원회에서도 이제까지 제출한 우리정부의 모든 보고서에 대한 권고문에서 매번 우려를 표명한 사항이다. 유엔아동권리위원회는 사회에서 가장 취약한 집단인 아동에 대해 다양하고도 체계적 방법의 통계수집이 부족하다는 점과 특히 빈곤아동과 같이 아동집단에서도 더욱 취약한 아동들에 대한 데이터체계의 미비점을 우려했다.

물론 각각의 보호유형별 체계 내에서 아동을 사례별로 관리하는 사례 파일 내지는 통계 체계를 갖추고 있다. 그러나 이 또한 '통합' 시스템과는 거리가 먼 것으로 이 역시 각 지역 센터별 혹은 개별 운영법인별로 관리하는 데에 그치고 있다. 가정외 보호아동은 보호유형을 변경하게 될 수도 있고, 친가정복귀를 했다가도 다시 가정외보호체계로 들어올 수도 있으나 이런 경우 지속적인 추적은 어려운 상황이다. 더군다나 아동이 만 18세가 되어 가정외보호체계를 떠나 자립하게 되면 이 아동에 대한 자립현황을 파악하는 사후관리는 매우 어렵다. 따라서 한 아동이 어떤 사유로, 어떤 보호체계에서 성장했으며, 언제 친가정복귀를 했는지, 혹은 언제 다시 보호체계로 재유입되었는지에 대한 전체적이며 필수적인 통계조차 정부는 파악하지 못한다.

2) 경쟁적 관계에 있는 각 보호유형

요보호아동에 대한 배치는 아동의 욕구 중심으로 가정외보호체계 중 보호유형이 선택될 수 있어야 하나 아동에 대한 초기 사정부터 배치, 퇴소(사례종결)의 모든 과정에서 보호체계(제공자) 중심으로 서비스가 이루어진다. 전문적 사정도 없이 아동이 특정 보호유형에 한번 배치되면 사례종결까지 거의 보호유형을 변경하는 일이 없다. 이는 민간 중심으로 가정외보호체계가 운영되다보니 가정위탁, 시설, 그룹홈 등 각 보호 유형체계 간 연계가 부족한 것이 하나의 원인이 된다. 세 가지 유형에 대한 배치기준 또한 명확하지 않고 배치를 결정하는 국가체계와 공적 리더십의 부족으로 세 유형 간 경쟁적 관계가 유발되었으며, 마치 독립된, 상관없는 시스템인 것처럼 기능하고 있다. 각 기관 간 유리된 관계는 심지어 동일한 종류의 가정외 보호서비스에서도 지역이 달라지면 나타나기도 한다.

다음 사례는 각 기관들이 지역이 다르다는 이유로 얼마나 상호연계 부족 속에서 서비스가 이루어지는지를 보여준다.

● 사례: 기관 상호연계 부족

가정위탁모로 활동하고 있는 A씨는 4년간 4남매를 자신의 위탁가정에서 돌봐왔는데, 친부가 아이들을 자신의 친척집에 맡겼다. 그러나 현재는 그 친척이 더 이상 아이들을 돌볼 수 없게 되어 그냥 아이들끼리 집을 얻어 살고 있다. 이후 친부는 교도소에 수감되었다가 거기서 사망하였다. 위탁모 A씨는 지속적으로 아이들과 연락을 해왔고 아이들이 위탁모와 다시 함께 살고 싶다는 의사를 보였다. A씨도 아이들을 다시 돌보고 싶은 의사가 있어 가정위탁지원센터에 문의를 하였으나 아이들이 A씨가 거주하는 지역의 가정위탁센터가 관리하는 곳이 아닌 다른 지역에 살고 있어 불가능하다고 하였다(09~10 인권상담사례집(p.143)에 소개된 상담내용을 재구성함).

3) 법적 근거의 일관성과 적용의 구체성 부족

그동안 가정외보호체계의 법적 근거가 아동복지법을 중심으로 과거에 비해서는 많이 확보된 것이 사실이다. 그러나 이러한 법적 근거가 가정외 보호서비스라는 한 체계로 통일된 것이 아니라 각각의 보호 유형별로 필요한 부분이 각각 따로 만들어져 전체적 일관성과 적용의 구체성이 부족하다. 특히 아동복지법에는 아동에 대한 양육 및 보호비용에 관한 근거조항이 마련되어있지 않다. 즉 아동의 양육 및 보호비용에 대해 아동의 욕구와 아동의 발달단계 등을 고려한 표준비용 계측을 위한 법적 근거가 없다. 또한 현재 각 지자체의 책임으로 흩어져있는 각 보호유형에 대한 공적 지원체계와 관련한 법적 근거도 부족하다. 그 결과 아동에 대한 표준보호비용은 물론이고 중앙정부 및 지자체의 재정지원액 산정방식, 예산항목 등은 각 보호유형마다 지자체마다 다양한 상황이다(강현아 외, 2012).

현재 아동에 대한 양육비는 저소득 빈곤계층을 위한 국민기초생활보장제도에 근거하여 지원되고 있는데, 시설아동은 국민기초생활보장법을 근거로 보장시설생활자로 지원받는 데에 비해, 가정위탁아동의 경우는 구체적 법적 근거 없이 특례지원되고 있다. 즉 가정위탁아동에 대한 국민기초생활제도를 통한 보호권은 언제든지 침해될 수 있는 상황이다.

친권과 관련해서 아동을 보호해줄 수 없는 법률의 문제는 더욱 심각하다. 친권문제는 비단 가정외 보호아동만의 문제가 아니라 학대피해아동과도 밀접한 관련이 있다. 많은 가정외 보호아동들이 그 친부모가 친부모로서의 책임을 전혀 하지 않고도 친권이 제한되거나 박탈되지 않은 채 가정외보호체계에서 성장하고 있다. 물론 아동에게 후견인이 지정되면 그 후견인이 친권자가 행사하는 법적 권한을 행사할 수 있으나 이는 친권자가 친권을 포기하거나 친권이 박탈되거나 친권자가 사망한 경우에만 해당된다. 시설아동이나 그룹홈 아동의 경우는 친권자가 사망하면 보호시설(아동의 시설이나 그룹홈이 국가나 지방자치단체가 설치 · 운영하는 곳에 한함)의 장이 자동적으로 후견인이 되어 아동의 법적 권리를 보호할 수 있도록 하지만, 가정위탁아동의 경우는 따로 가정법원에 까다로운 신청절차를 거쳐야만 한다. 그러다보니 위탁아동 중 부모사망 후에도 후견인 미지정된 사례뿐만 아니라 다양한 이유(행방불명, 수감 등)로 친권자가 그 역할을 할 수 없는 사례가 총 2,000여 명으로 추산된다(중앙가정위탁지원센터, 2012).

친권자의 부재로 인해 상당수의 가정외보호 아동들이 특히 수술동의, 입/전학처리, 통장개설, 행정서류발급 등에서 많은 문제를 겪고 있다(강현아, 2014). 친권의 보호를 받지 못하거나 친권의 남용으로 인해 실제로 아동이 심각한 권리침해를 겪는 사례들이 많다. 다음은 이러한 실제 사례를 소개한 것이다.

● 사례: 친권자의 부재와 친권의 남용으로 겪게 되는 문제

〈사례 1〉 위탁모인 A씨는 생계비와 양육보조금이 입금되는 위탁아동의 명의의 통장을 분실하여 은행을 찾았으나 친권자 동의가 있어야만 통장 재발급이 가능하다는 설명을 들었다. 아동의 친권자인 아동 친부와는 아무리 노력해도 연락이 닿지 않아 A씨는 이러한 사정을 은행에 설명하여 A씨 명의 통장에 아동에 대한 생계비와 양육보조금을 입금받을 수 있게 되었다. 그러나 분실한 아동 명의의 통장에 입금되어있는 보조금은 아동 스스로 통장을 개설할 수 있는 연령이 될 때까지, 혹은 친권자가 직접 출금 신청을 할 때까지는 출금을 할 수 없다고 하여 출금을 하지 못하고 있다.

〈사례 2〉 위탁아동 A양은 하교 길에 교통사고를 당하여 병원에 입원하여 치료를 받았다. 위탁부모가 교통사고 가해자와 사고처리 및 치료비 배상을 위해 합의하려고 했으나 아동의 친권자가 아니라는 이유로 합의를 할 수가 없었다. A양의 친권자는 행방불명되어 연락이 두절된 친부여서 합의가 가능한 상황이 아니었다. 아동의 친모는 생존해있었으나 친부와 이혼하면서 친권을 포기한 상태였다. 이 경우는 친모가 친권자인 친부가 행방불명되었다는 사유를 들어 친부에 대한 친권상실선고와 함께 후견인 개시를 법원에 신청하여 후견인이 되는 것이 유일한 법률적 방법으로 보인다.

〈사례 3〉 위탁 아동 B군은 7세로, 그 아동을 양육하고 있는 위탁모가 아이에게 지급되는 생계비를 미래 아동의 대학등록금으로 쓸 수 있도록 저축해두었다. 그러나 B군의 친권자인 친부가 이 사실을 알고 은행에 아동 명의의 통장을 분실했다고 거짓으로 신고하고 새 통장을 발급받아 수백만 원이 넘는 생계비를 모두 찾아가 버렸다. 이러한 부의 행동을 제한하거나 벌할 수 있는 방법은 친권자 변경 외에는 거의 없는 실정이다. (이 세 사례는 한국가정법률상담소(2009)의 '가정위탁 법률지원 매뉴얼'에 소개된 사례들을 재구성한 것임.)

☞ 위의 세 사례 모두 아동의 권리보호를 위하여 친권자로서 역할을 못하거나 친권남용을 하는 친권자들에 대해 친권상실청구를 신청하여 친권자를 변경하는 것이 필요한 경우이다. 그러나 친권상실선고가 몇몇 성학대 사례에 한하여 이를 형사사건으로 처리하는 검사가 청구하여 선고된 예밖에 찾아볼 수 없으므로 이 방법 또한 현실적으로 쉽지 않을 것으로 보인다.

4) 신중하지 못한 아동 분리와 친가정복귀

앞서 살펴보았듯이 우리나라에서는 많은 요보호아동들이 친가정이 빈곤하다거나 미혼모라는 이유로 친부모와 살지 못하고 요보호체계로 들어와 다른 사람의 양육을 받고 있다. 위기가정, 소외취약계층의 가정에 대한 양육지원 및 위기개입을 통해 가정의 불안정성과 양육포기 등을 사전에 예방할 필요가 있으나, 이러한 개입 부족으로 인해 이미 양육을 포기하여 아동이 가정외보호체계에 맡겨지면 그때부터 아동에 대한 최소한의 양육과 보호서비스가 마련된다고 볼 수 있다.

가정외 보호서비스는 아동에게 단지 일시적 양육을 제공하기 위한 것이며 아동은 친가정으로 가능한 한 빨리 복귀하든지 아니면 입양이나 후견인제도를 통해 법적으로나 심리적으로나 안정된 양육을 받을 수 있는 환경에서 성장해야 한다. 그럼에도 불구하고 아동들은 친가정의 불안정으로 인해 요보호체계에 들어오는 경우가 많으며, 한번 체계에 들어오면 친가정복귀가 쉽지 않다. 사실 가정외 보호서비스의 가장 궁극적이고도 중요한 목표는 아동을 친가정으로 다시 돌려보내는 것이다. 유엔아동권리위원회도 우리 정부의 4차 보고서에 대한 권고문에서 친가정복귀의 중요성을 강조하였다.

이때 아동은 물리적으로만 단순히 친가정으로 다시 돌아가 사는 것이 아니라 심리적으로 안정감을 회복해야 하며 원가족 및 부모와의 긍정적 관계와 애착도 회복해야 한다. 따라서 아동이 처음 가정외보호체계에 배치되었을 때부터 친가정복귀를 위해 단계적이고도 체계적인 계획이 신중히 이루어져야 한다. 이를 위해서는 부모 및 다른 가족의 의무와 협조를 담보할 수 있는 일정 수준의 법적구속이 필요하며 전체적 계획을 세울 수 있도록 서비스 가이드라인과 이를 서비스제공을 통해 수행할 수 있도록 하는 사례관리가 필요하다. 그러나 불행히도 우리나라에는 이 모든 조건을 만족시킬 수 있는 법원의 개입과 사례관리 여건이 마련되어있지 않다. 우리나라의 아동복지현장에서도 친가정복귀에 대한 중요성을 인식하기 시작하여 평가지표나 매뉴얼에서 이를 고려하고 있으나 여러 제반여건의 부족으로 인해 어려움을 겪고 있다.

5) 전문화된 서비스 미비

그동안 열악한 예산과 국가의 무관심에도 불구하고 가정외보호 서비스의 질을 높이기 위해 많은 노력이 이뤄져 온 것이 사실이다. 아동이 만 18세가 되어 가정외 보호서비스에서 더 이상 보호받지 못할 때 자립을 돕기 위한 다양한 노력을 그 예로 들 수 있다. 아동의 사회적응과 자립을 미리 준비시키기 위한 자립전담요원의 배치가 그중 하나이다. 또한 퇴소(사례종결) 후 경제적 안정을 위해 미리 지원금을 적립해주는 디딤돌씨앗통장 등도 포함된다.

그러나 아직까지 가정외 보호서비스의 질을 담보하기에는 여러 가지 측면에서 어려움이 많다. 그중 대표적으로 우려되는 부분은 아동복지전담공무원의 부재를 들 수 있다. 법률상 규정된 아동복지전담공무원의 역할 중 하나는 요보호아동에 대한 배치이다. 이것은 아동이 가정외 보호서비스체계에 들어오면 가장 먼저 이뤄지는 서비스이면서 이후 아동의 인생을 좌우할 수 있는 가장 중요한 서비스이기도 하다. 그러나 실제 아동복지 현장에는 이렇게 중요한 역할을 해야 할 아동복지전담공무원이라는 존재 자체가 없다고 할 수 있다. 일반적으로 각 사무소에서 아동, 청소년, 여성, 보육 등의 업무를 담당하는 공무원들이 이 역할도 함께 맡는다.

요보호아동의 보호유형 배치는 협약에서 말하는 '아동 최선의 이익'의 원칙에 기초하여 아동의 욕구와 부모와의 관계, 가족상황 등 광범위하고도 깊이 있는 정보를 바탕으로 한 사정(assessment) 과정이 필수적이다. 그러나 이 역할을 담당하는 공무원들은 요보호아동의 특성, 사정기술이나 배치에 대한 교육을 공식적으로 받지 않은 경우가 대부분이며, 아동 및 복지 전공자가 이 업무를 특별히 담당하는 것도 아니다. 아동이 일단 특정 보호유형에 배치되면 짧은 기간 내에 아동의 적응현황을 파악하여 배치 적절성을 판단하는 것도 매우 중요한데 이는 공무원의 업무에는 포함되지 않는다.

민간 인력의 부족과 소진 문제도 서비스의 질을 위협하는 고질적 문제이다. 아동복지법 종사자 배치 기준이 마련되어 가정위탁의 경우 전국의 거의 모든 지역가정위탁지원센터들이 이에 맞게 상담원 배치를 했음에도 불구하고 상담원 1인당 200사례 가까운 사례관리 과다업무량을 보이고 있다(중앙가정위탁지원센터, 2014). 양육시설의 경우도 법정 종사자 배치기준에 부합하기 위해 노력해왔으나 생활복지사, 간호사, 심리상담원, 자립전담요원 등은 배치되지 않아 근무하는 다른 직원에게 그 업무가 초과 부과되기도 한다. 시설의 2교대 근무체제는 지자체의 예산부족으로 인건비 지원을 하지 않아 실시 못하고 있는 경우도 적지 않다(김광빈, 2011). 또한 보육사의 이직률이 높아 아동의 복지에 부정적 영향을 미칠 우려가 제기된다. 그룹홈의 경우는 인건비 책정이나 근로여건 등 인력에 대한 처우가 더 열악할 뿐만 아니라 소규모화로 인한 가시감의 감소 및 홍보어려움으로 인해 정부 및 민간 후원에서 소외되는 경우도 적지 않다. 요보호아동을 위한 보호유형별 서비스의 질 차이가 발생될 우려가 크다(강현아 외, 2012). 이같이 과다한 업무, 열악한 처우 및 아동복지

업무의 특성으로 인해 현장 인력의 소진도 상당히 높은 것으로 나타났다.

가정외 보호아동에게는 보호와 양육 이상의 다양한 서비스가 필요하다. 아동은 가정외보호체계에 들어오기 전 이미 친가정에서 가정해체, 가정폭력 등 트라우마사건 경험률이 매우 높은 것으로 나타났다(강현아, 노충래, 전종설, 정익중, 2012). 다양한 신체적 만성질병 및 발달장애 등을 가진 비율도 40%가 넘는 것으로 나타났다(Kang et al., 2014). 또한 아동이 신체적·정신적 장애가 있는 경우 치료시설로 배치되도록 되어있으나 장애가 있는 것으로 구분되지 않은 경계성 아동들이 시설에 많이 들어와 이에 대한 개입이 시급하다. 그러나 인력이나 개입서비스의 부족으로 인해 종사자와 아동들이 매우 큰 어려움에 놓여있다(강현아 외, 2012).

제4절 가정 밖에서 성장하는 아동의 권리보호를 위하여

1) 국가의 적극적 리더십 필요

국가가 가정외 보호아동의 권리 보호를 위해 적극적 역할을 수행하기 위해 가장 시급하게 해야 일은 가정외보호체계를 중앙정부로 반환되게 하는 것이다. 중앙정부는 가정외보호제도를 반환받기 전까지는 각 지자체의 가정외보호 예산운영과 서비스에 대한 관리감독부터 우선 시행해야 한다. 재정분권화 후에도 지자체의 열악한 재정을 고려하여 적지 않은 중앙정부 재원을 지자체 가정외 보호서비스 운영을 위해 투입하고 있다. 지자체에 따라서는 시설운영비 100%를 분권교부세로 충당하는 곳도 있었다. 그럼에도 불구하고 중앙정부는 지자체에 대해 예산지원에 대한 조건이나 평가, 모니터링의 체계는 전혀 없는 실정이다. 따라서 예산지원과 모니터링체계의 연계나 서비스프로그램에 대한 특정 지출규정 마련 등을 통해 지방분권화된 가정외서비스체계에 대한 중앙정부의 리더십을 강화할 필요가 있다(강현아 외, 2012).

중앙정부의 리더십에는 가정외 보호서비스의 궁극적 목표와 장기적 비전 및 정책 방향 수립도 포함된다. 사실 가정외 보호서비스를 운영하는 주요 서구 국가들(예: 미국, 영국, 호주 등)은 가정외보호의 국가적 목표의 수립은 물론이고 서비스의 질을 담보하기 위한 서비스 평가 강화 및 국가적 서비스 표준도 마련하고 있다. 또한 이들 국가들에서는 가정외 보호아동의 발달성과에 대한 보고서를 정기적으로 국회에 제출하고 있다(강현아 외, 2012).

가정외 보호아동에 대한 국가의 책무성을 증진하기 위해서는 제도의 보완도 필요하다. 예를 들어, 아동권리를 보호할 수 있도록 친권자의 역할과 책임을 강화할 수 있도록 하는 국가의 친권제한제도를 보다 적극적으로 활용해야 한다. 또한 가정외 보호아동에 대한 법적 근거를 보호유형 간, 관련 아동복지제도(입양, 학대아동을 위한 보호서비스, 드림스타트 등) 간 관련성과 통합성을 고려하여 보완해야 할 것이다.

2) 아동을 추적 보호할 수 있는 통계시스템 마련

시설양육, 가정위탁, 그룹홈 아동을 배치단계부터 종결까지 추적 보호할 수 있는 통계시스템이 필요하다. 이 통계는 보호유형에 관계없이, 또한 종결 후 다시 가정외보호체계에 들어오더라도 아동의 전체 가정외보호에서의 양육 역사를 짚어볼 수 있도록 데이터베이스화해야 한다. 또한 가정외보호 데이터베이스는 다른 아동복지체계, 즉 아동보호체계(Child Protective Services; CPS),

저소득층 아동을 위한 서비스(예: 드림스타트 등)와도 통합되어 취약계층 아동에 대한 관리가 이루어져야 할 것이다.

미국의 예를 소개하면, 연방법 규정(Title IV-E of the Social Security Act)을 통해 아동보호서비스(CPS)와 가정외 보호서비스를 통합한 AFCARS(The Adoption and Foster Care Analysis and Reporting System)라는 통계시스템을 운영하고 있다. 주정부는 아동복지에 대한 연방정부의 재정지원을 받고 있으며, 이 재정지원에 대한 하나의 조건으로 주정부는 데이터를 정기적으로 아동가족국(Administration for Children and Families)에 제출해야 한다(강현아, 2014). 이러한 아동의 각 사례별로 파악할 수 있는 사례 수준(case-level) 행정데이터(administrative data)는 국가의 보호 아래 있는 아동에 대한 국가와 사회적 책무를 높일 뿐만 아니라 아동이 어떤 보호유형을 거쳐왔는지 보다 정확하고 구체적으로 파악하게 해준다. 더 나아가 아동보호서비스와 가정외 보호서비스의 장기적 효과성 등을 평가할 수 있는 종단적 연구의 가능성을 높인다. 이러한 데이터베이스 구축은 아동 중심의 서비스 체계를 마련하는 데에 기본적이고도 필수적 요소라고 할 수 있다. 그러나 이러한 장점에도 불구하고 몇 가지 조심스러운 측면이 있다. 아동과 가족에 대한 비밀보장(confidentiality)이 바로 그것이다. 이러한 문제를 해결하기 위해 데이터의 암호화(encryption) 등의 방법을 생각해볼 수 있다(Collins, 1999).

3) 서비스 체계를 아동 중심으로

현재 가정외 보호서비스는 국가의 모니터링과 책임성이 부족한 가운데, 아동 중심이라기보다는 서비스제공자 중심으로 운영되어온 것이 사실이다. 유엔아동권리위원회는 특히 3,4차 통합보고서에 대한 권고문에서 가정외 보호서비스의 질을 정기적이고 체계적으로 평가하고 모니터링할 것을 지적하였다.

아동 중심의 서비스 체계를 위해 요보호아동 배치를 통합적이고 전문적으로 전담할 수 있는 공공 인력과 통합배치센터를 전국적으로 마련하는 방안을 고려해볼 수 있다(Kang et al., 2014). 또한 실천현장 인력에 대해서는 처우수준을 높이는 동시에 기관과 공공/민간인력에 대한 국가의 관리감독 강화가 필요하며, 지속적 교육 및 슈퍼비전도 제공해야 한다.

특히 아동 중심의 서비스가 되기 위해서는 서비스인력뿐만 아니라 아동에 대한 아동권리교육이 중요하다. 호주의 경우 가정외보호에서 성장하고 있는 아동과 청소년에게 자신의 권리에 대해 쉽고 간단하게 정리한 책자를 발간하여 교육하고 있다(NSW Department of Family and Community Services, 2014). 또한 아동과 청소년들의 의견과 목소리를 진지하게 청취하고 수용하기 위해 그들만의 일종의 모임이나 협회(association) 같은 조직을 구성하는 것도 하나의 방안이다. 이러한 협회의 목적은 첫째, 가정외 보호서비스의 질과 양을 높이고, 둘째, 가정위탁아동들 사이의 의사소통을 활성화하며 그들의 법적 권리와 인권을 옹호하는 것이며, 셋째, 지역사회 내 아동들에 대한 인식 및 이미지를 개선하는 것이고, 마지막으로는 프로그램이나 자원 개발을 증진하는 것이다. 이러한 협회를 통해 아동 및 청소년이 주체가 되어 자신의 경험과 의견을 발표하고 정책변화를 제안하는 워크숍을 개최할 수도 있으며 아동들을 위한 다양한 여가활동 프로그램을 후원하고 가정외 보호서비스의 이미지를 개선할 수 있도록 언론을 활용할 수 있을 것이다(Curran & Pecora, 1999).

또한 가정외보호 유형이 서로 경쟁적인 관계가 되는 것을 피하고, 보다 전문적 서비스를 마련할 수 있도록 하기 위해 각 보호유형별로 그 특징에 맞도록 서비스와 대상을 특성화하는 것도 필요하다. 예를 들어, 가정위탁의 경우는 연령이 어린 아동들이 우선적으로 배치될 수 있도록 하고, 정서행동문제가 심각하여 전문적 치료가 필요한 아동들의 보호를 위해서 양육시설들을 전문화된 치료시설로 적극적으로 전환하는 것도 하나의 방안이 될 수 있다. 또한 여러 명의 아동들을 양육해야 하는 그룹홈의 경우는 일상생활에서 자신을 스스로 돌볼 수 있는 연령이 되는 청소년 중심으로 배치하는 것도 방법이다. 특히 시설 퇴소를 연장하고 싶으나 시설환경을 벗어나고 싶어 하는 청소년들을 위한 보호서비스로서 그룹홈이 특성화될 수도 있을 것이다.

4) 친가정복귀는 신중하게 증진

앞서 언급한 것처럼 아동의 친가정복귀는 가정외 보호서비스의 궁극적 목표이지만 종종 잊혀지는 목표이기도 하다. 친부모에 법적으로 개입할 수 있는 법적, 정책적 기반이 부족한 우리나라 상황에서 친부모에 대한 서비스를 실시하기란 쉽지 않다. 장기적 아동복지의 목표로 친부모에 대해 개입할 수 있는 전반적 법적, 정책적 변화를 염두에 두면서 현재 서비스 현장에서 가장 먼저 할 수 있는 일은 체계적인 아동-부모 만남서비스(부모방문)를 마련하는 것이다.

아동과 부모와의 만남은 친가정복귀를 증진시키는 데에 도움이 된다고 많은 연구를 통해 알려져 있는데, 그 이유는 만남을 통해 가족 간의 애착을 도울 뿐만 아니라 아동이 버림받았다는 감정이나 상실의 아픔을 줄일 수 있기 때문이다(Mapp, 2002). 또한 부모와의 만남은 부모에게는 새로운 긍정적 부모 역할에 익숙하기 위한 좋은 기회를 제공한다. 심지어 부모의 친권이 박탈되어 아동이 입양을 기다리고 있는 경우에도 부모와의 만남은 필요한데 이것은 아동에게 적절하게 작별인사를 할 수 있는 기회를 줄 수 있기 때문이다 (Chen, 2010). 가장 중요하게는 가족과의 만남을 유지하는 것은 아동의 기본적인 권리이다.

따라서 미국의 경우는 많은 주에서 정기적 가족만남을 위한 정책을 세워두고 있다. 이 정책의 내용에 주로 포함되는 내용은 만남을 위한 문서화된 계획을 포함해야 한다는 것, 아동이 누구와 얼마나 자주 만날 것인지, 기관과 사회복지사들의 책임의 범위, 만남이 이뤄지는 전반적 환경과 장소 등이다. 이렇듯 아동복지 정책에서 아동-부모만남을 중요하게 강조하고는 있지만 여전히 만남에 대한 구체적 가이드라인이 부족하며 주마다 얼마나 자주 만나게 하는 것이 좋은지에 대한 정책에도 큰 차이를 보이고 있다. 예를 들어, 어떤 주는 최소 1주일에 한번 만나는 것이 좋다고 규정하는가 하면, 다른 주에서는 한 달에 한 번 정도로 추천하고 있다(Hess, 2003).

아동과 가족과의 만남에서 가장 중요하게 고려할 점은 아동의 건강과 안전이다. 아동-부모와의 만남이 아동의 건강이나 안전에 위협에 되는 사례에서는 만남을 추천하지 않는다. 특히 아동학대사례 등에서는 제 3자의 면밀한 감독 하에서 만남이 이루어지게 하는 등 주의가 필요하다(Smariga, 2007). 또한 가족과의 만남은 아동 중심으로 이루어져야 한다(Chen, 2010). 즉 부모와의 만남은 아동의 욕구와 발달과정을 고려해서 이루어져야 하며, 특히 영유아에게는 부모애착형성 시기이므로 더욱 중요하다(Smariga, 2007). 부모와의 만남이나 접촉은 아동이 부모로부터 분리되자마자 가능하면 빠른 시일 내에 이루어지는 것이 아동의 불안을 줄이고 적응을 높일 수 있다. 또한 아동과 부모의 만남이 효과적이려면 가장 가정과 유사한 자연스러운 환경에서 만날 수 있어야 하며, 아동이 어릴수록 부모와 함께 즐겁게 참여할 수 있는 구조화된

활동이 필요하다(Chen, 2010).

최근에는 미국의 경우 아동이 부모와 가장 자연스러운 환경에서 만날 수 있게 하기 위해 부엌과 침실을 갖춘 일반 가정 같은 환경을 갖춘 만남의 장소를 별도로 마련하기도 하며, 이혼가정 부모들이 주로 이용하는 면접교접센터를 만남의 장소로 이용하기도 한다(Chen, 2010). 혹은 아동이 영유아인 경우는 위탁가정에서 만나기도 하는데, 이러한 실천방법을 위탁부모가 친부모를 위한 일종의 멘토 혹은 롤모델로 함께 서비스에 포함된다는 의미인 inclusive practice라고 부른다(Smariga, 2007). 이것은 아동에 대한 부모 역할을 위탁부모와 친부모가 함께 나눈다는 의미도 내포하며, 이 모델이 잘 시행되어 특히 친모의 서비스 참여가 잘 유도되면 친가정복귀율을 높이는 데 효과적이라고 보고되었다(Leather. 2002). 그러나 이 모델을 시행하는 데에 여러 가지 주의가 필요하다. 예를 들어 위탁부모와 친부모는 위탁부모의 멘토 역할을 사전에 충분히 이해해야 하며, 친부모는 아동과 위탁부모의 관계에 부정적 영향을 미칠 만한 말을 아동에게 하지 말아야 한다(Smariga, 2007).

아동-부모와의 만남이 중요함에도 불구하고 부모와의 만남을 사실 아동이 쉽게 받아들이고 이에 적응할 수 있는 것은 아니다. 부모와의 만남 전에 아동이 악몽을 꾼다거나 불안해한다든지, 만남 후에 아동의 문제행동이 더 심각해지는 일은 흔히 나타나는 증상이다. 위탁부모에게도 쉽지 않은 과정인데, 친부모의 말이나 행동에 상처를 입는다든지, 자신의 부모 역할이 위협받는다고 느끼기도 한다. 친부모 역시 아동을 만나게 되어 행복감이나 기쁨을 느끼는 동시에, 죄책감, 수치심, 아동의 거부로 인한 상처 등 복잡한 감정을 느끼게 된다(Chen, 2010). 따라서 사회복지사는 아동-부모만남이 무조건 긍정적일 것이라는 기대를 갖기보다는 이것이 쉽지 않은 과정이지만 꼭 필요한 과정이라는 신념을 우선 가져야 할 것이다. 이러한 믿음을 바탕으로 만남의 강도나 빈도를 조심스럽게 단계적으로 높이면서 관련된 모든 이들의 감정을 지지할 수 있는 의사소통을 해야 한다.

이러한 아동－부모만남을 위한 세심한 고려와 서비스 제공에는 이를 위한 법적, 정책적 지원이 우선시되어야 함은 더 강조할 필요도 없을 것이다. 이를 위해 하루빨리 가정외 보호아동의 권리를 보호하기 위한 친부모로서의 의무이행을 강제하고, 필요한 경우는 친권을 제한할 수 있는 정책적 기반이 마련되어야 한다. 그리고 사례관리를 강화하기 위해 현재의 열악한 가정외 보호서비스 현장의 인력을 충원해야 할 것이다.

제5절 국가가 중심적 역할을 하는 가정외 보호서비스

가정외 보호서비스는 친부모를 대신하여 국가가 아동의 권리를 보호하고 아동을 양육하는 제도이다. 그러나 우리나라의 가정외 보호서비스는 민간 주도로 오랜 기간 운영되어왔으며, 지금도 여전히 국가의 역할은 미미하다. 이렇듯 방관자에 불과한 국가의 역할은 가정외보호제도의 지방이양, 법적 근거의 미흡, 미미한 예산, 친부모에 대한 개입 부족에서 선명하게 드러난다. 민간아동복지기관은 자의 반 타의 반으로 가정외 보호서비스를 주도해왔는데 이것은 각 보호유형 간에도 경쟁적 관계 형성을 초래했으며 여기서 아동의 권리나 욕구는 소외될 위험성이 커졌다. 친부모로부터 될 수 있으면 분리되지 않아야 할 아동이 가정의 불안정성이나 빈곤의 이유로 가정외보호제도로 유입되면 그 특정 보호유형에서 성인이 될 때까지 성장하게 되는, 즉 다시는 친

가정으로 복귀하기 어려운 체계가 되어버릴 수도 있다. 더구나 아동 입장에서, 아동의 관점에서 바라보는 서비스 부족은 아동 권리의 소외 가능성을 더욱 크게 한다. 그러므로 전체적 서비스체계와 서비스결정의 적절성(친가정에서의 분리결정부터 친가정복귀, 경우에 따라서는 가정외보호 재유입)을 모니터링해야 할 국가의 역할을 세우고 아동 권리를 보호하며 서비스에서의 아동의 주체적 역할을 강화해야 할 것이다.

참고문헌

강현아 (2012). 가정외 보호아동의 가족재결합의 현황 및 과제. 한국보건복지인력개발원 세미나 주제발표자료.

______ (2014). 가정위탁보호제도의 현황과 쟁점. 한국아동복지학회 2014년 춘계학술대회 주제발표자료

강현아, 노충래, 전종설, 정익중 (2012). 가정외보호 청소년의 부정적 사건 경험이 우울 및 불안에 미치는 영향. 청소년학연구, 19(3), 193-222.

강현아, 우석진, 정익중, 전종설 (2012). 지방정부 가정외아동보호서비스 예산현황과 현장실무자의 예산운용 경험. 한국아동복지학, 39, 7-38.

국가인권위원회 (2011). 09-10 인권상담사례집. 서울: 국가인권위원회.

김광빈 (2011). 한국아동복지시설의 50년과 새로운 발전방향. 한국아동복지학회 2011년 춘계학술대회 주제발표자료.

김통원, 김성천, 박은미, 이상균 (2005). 아동복지시설 발전방안 개발연구. 서울: 보건복지부.

노충래, 강현아 (2009). 위탁아동 및 위탁부모 사정도구 개발연구. 서울: 보건복지부.

보건복지부 (2013). 2013년 아동분야 사업 안내. 서울: 보건복지부.

보건복지부 (2014). 2014년 보건복지부 소관 예산 및 기금운용개요.

중앙가정위탁지원센터 (2013). 가정위탁 10주년 보고서. 서울: 보건복지부, 중앙가정위탁지원센터, 세이브더칠드런.

중앙가정위탁지원센터 (2014). 2013 가정위탁보호 현황보고서. 서울: 보건복지부, 중앙가정위탁지원센터.

한국가정법률상담소 (2009). 가정위탁 법률지원 매뉴얼. 서울: 보건복지부, 중앙가정위탁지원센터.

Chen, R.K. (2010). Protecting and promoting meaningful connections: The importance of quality family time in parent-child visitation. New Jersey Office of the Child Advocate. available at: http://www.hunter.cuny.edu/socwork/nrcfcpp/info_services/family-child-visiting.html

Children's bureau (2012). Child welfare outcomes 2008-2011: Report to Congress. available at http://www.acf.hhs.gov/programs/cb/resource/cwo-08-11.

Children's bureau(2013). The AFCARS report. available at http://www.acf.hhs.gov/programs/cb

Collins, R. (1999). Adoption and Foster Care Analysis and Reporting System. In P. A. Curtis, G. Jr. Dale, & J. A. Kendall, *The foster care crisis: Translating research into policy and practice*(pp. 45-59). New York: University of Nebraska Press.

Curran, M. G., & Pecora, P. (1999). Adoption and Foster Care Analysis and Reporting System. In P. A. Curtis, G. Jr. Dale, & J. A. Kendall, *The foster care crisis: Translating research into policy and practice*(pp. 99-128). New York: University of Nebraska Press.

Hess. P. (2003). Visiting between children in care and their families: A look at current policy. avaiblie at: http://www.hunter.cuny.edu/socwork/nrcfcpp/info_services/family-child-visiting.html.

Kang, H. (2007). Theoretical perspective for child welfare practice on kinship foster care families. *Families in Society*, 88(4), 575-582.

Kang, H., Chung, I.- J., Chun, J., Nho, C. R., & Woo, S. (2014). The outcomes of foster care in South Korea ten years after its foundation. *Children & Youth Services Review*, 39, 135-143.

Leather, S. (2002). Parental visiting and family reunification: Could inclusive practice make a difference? *Child Welfare*, 81(4), 595-616.

Mapp, S. (2002). A framework for family visiting for children in long-term foster care. *Families in Society*, 83(2), 175-182.

NSW Department of Family and Community Services. Charter of Rights available at www.community.nsw.gov.au

Smariga, M. (2007). Visitation with infants and toddlers in foster care: What judges and attorneys need to know. American Bar Association. available http://www.hunter.cuny.edu/socwork/nrcfcpp/info_services/family-child-visiting.html.

제6장 다문화사회와 아동

'다문화사회' '다문화가족' '다문화아동' 등의 용어는 한국사회에서 더 이상 낯선 용어가 아니다. 결혼이민여성의 증가를 계기로 우리사회는 단기간 동안 빠른 속도로 다문화사회로 변화되고 있으며, 이제 우리사회의 정책적 관심사는 다문화여성에서 점차 그 자녀인 다문화아동으로 옮겨지고 있다. 우리사회는 이들의 권리보장에 관한 법・제도적 정비를 해나가고 있으나 현실의 생활영역에서는 다양한 사회문화적 차별이 존재하고 있다. 또한 '다문화가족'의 합법적 범주에 포함되어 있지 않는 무국적 또는 불법체류 상태의 이주노동자 자녀들은 법 테두리 밖에서 기본인권마저 실종된 상태로 지내고 있으며, 이들에 대한 정확한 숫자조차 파악되지 않은 상태이다. 우리사회가 다문화사회로의 변화에 잘 적응해 나가기 위해서는 다양한 문화적 배경의 사람들을 사회구성원으로 받아들이고 사회통합을 이루어나가는 것이 필요하다. 특히 다문화아동의 특별한 권리를 보장하기 위해서는 추상적 선언이 아닌 구체적 상황에서의 권리옹호를 위한 세심한 법적・제도적 정비를 해 나가는 것이 필요하며, 다양한 문화적 배경의 아동들을 수용할 수 있는 사회 전반의 인식전환이 요구된다.

제1절 다문화사회로 변화되는 한국사회

오늘날 국제결혼은 낯선 현상이 아니며, 우리의 일상생활 공간에서 외국인이나 혼혈자녀를 접하는 것도 드문 일이 아니다. 1980년대 말 농촌총각 결혼추진의 일환으로 시작된 국제결혼은 1990년대 본격화되면서 그 수가 가파르게 증가하였고, 이들 사이에서 태어난 혼혈자녀들도 빠르게 증가해 왔다. 예컨대 국제결혼이 급증하던 시기인 1997~2007년의 10년 동안, 총 결혼건수 중 국제결혼이 차지하는 비중은 무려 3.2%(1997년)에서 11.1%(2007년)로 약 3.5배나 급속히 증가하였으며, 보은군(40.0%), 함평군(37.6%) 등 일부 농촌지역의 국제결혼 비중은 무려 40%에 도달하기도 했다(통계청, 2008). 2014년(7월 기준) 결혼이민자를 비롯하여 다양한 사유의 인지・귀화자수는 약 30만 명에 이르는데, 이는 7년 동안(2007년 14.2만 명) 무려 2배 이상 증가한 규모로서 그 배우자(약 30만 명) 및 자녀(20만 명)를 포함하면, 다문화가족은 약 80만 명이며, 2020년이 되면 100만여 명에 다다를 것으로 예상된다(안전행정부, 2014), 또한 한 연구[1]에 의하면 2020년엔 20세 이하 인구 5명 중 1명(21%)이 혼혈인이 되고, 신생아 3명 중 1명(32%)이 혼혈아가 될 전망이다.

90년대 이후 약 20여 년간 다문화가족 증가의 가장 큰 요인은 결혼 자체를 목적으로 입국한 외국인(특히 대다수가 여성)의 국제결혼 증가이다. 그러나 이외에도 한국정부가 국내의 부족한 인력수급을 위해 외국인 근로자의 유입을 적극 시도하는 노동정책을 실시함에 따라, 외국인노동자들의 유입이 증가

1) 중앙일보의 의뢰로 연세대 구성열(인구경제학) 교수팀이 작성한 「국제 결혼율 장기 전망」(2006).

하고 이들이 점차 장기체류하며 본국의 가족을 불러들이거나 내국인과 결혼하게 된 것도 다문화가족 증가의 또 다른 요인이 되고 있다. 한편 우리와 비록 동일 민족이지만 국적이 다른 북한이탈주민도 외국인으로서 다문화사회 형성의 배경요인이 되고 있다. 따라서 한국에 영구 정착하는 귀화자와 그 가족 이외에 장기체류 외국인 근로자와 그 가족, 특히 불법 장기체류 외국인 근로자와 그 가족까지 포함하면, 그 규모는 2010년대 중반에 이미 100만 명을 넘을 것으로 추정된다.

● 다문화가족, 다문화아동은 누구인가?

- 다문화가족지원법 제2조(정의)에 의하면, 다문화가족은 다음의 가족을 말한다.
  가. 「재한외국인 처우 기본법」 제2조 제3호의 결혼이민자와 「국적법」 제2조부터 제4조까지의 규정에 따라 대한민국 국적을 취득한 자로 이루어진 가족
  나. 「국적법」 제3조 및 제4조에 따라 대한민국 국적을 취득한 자와 같은 법 제2조부터 제4조까지의 규정에 따라 대한민국 국적을 취득한 자로 이루어진 가족
- 이상의 관련법규에 따르면, 다문화가족은 혼인귀화자나 기타사유의 국적취득자(인지 · 귀화)를 비롯하여, 그 배우자 및 그 자녀들로 구성된 가족이다. 따라서 다문화아동은 이들 가족에 포함된 자녀가 될 것이다.

이러한 법규정에 근거하면, 영주의사가 확인되지 않는 외국국적 소지의 이주노동자가족과 기타의 장기체류 외국인가족 등은 다문화가족이나 다문화아동의 범주에 포함되지 않는다. 그러나 이들도 우리사회가 수용해야 할 다양한 문화적 배경을 지닌 가족으로 보아야 할 것이다.[2)]

2) 여기서는 '다문화가족'이나 '다문화아동'의 범주를 법규정의 범위를 넘어, 국내에 거주하는 다양한 문화적 배경을 지닌 가족과 그 자녀로 폭넓게 정의한다. 따라서 다문화아동은 다문화가족자녀 이외에 이주노동자의 자녀, 특히 불법체류자의 자녀까지 포함한다.

이처럼 결혼정책이든 노동정책이든 외국인의 적극적 유입을 촉진하는 정부 시책으로 인해, 우리사회에는 단기간에 인종이나 국적이 다양한 국내거주자의 비중이 점점 늘어나고 있다. 특히 이들은 관광객이나 업무상의 단기체류자가 아닌 우리사회의 구성원으로서 우리들의 생활 속에 깊숙이 들어와서, 배우자나 부모 또는 자녀로서, 며느리로서, 동료나 이웃으로서, 가족의 일원이자 공동체의 일원으로 함께 살아가는 존재이기 때문에, 상호 간의 차이와 다름에 대한 충분한 이해가 바탕이 되지 않을 경우, 사회구성원 간의 갈등과 사회문제로 표출될 수 있다.

제2절 다문화사회가 던지는 새로운 과제

1) 우리의 생활 속에서 만나는 다문화 아동들

국제결혼을 비롯한 다양한 사유로 다문화가족이 증가하고, 외국인 이주노동자가족이 증가하면서, 이들 가족의 자녀수도 점점 증가하고 있다. 우리사회의 다문화 경험이 초기에는 외국인 결혼이민자가 몰려있는 농어촌지역이나 이주노동자의 거주지역을 중심으로 이루어졌다면, 이제는 어린이집이나 학교교실이 다문화를 경험하고 이로 인한 갈등이 유발되는 중요한 장이 되고 있다.

다문화가족 자녀수는 지난 5년 동안 10.7만 명(2009년)에서 20.4만 명(2014년)으로 약 2배 증가하였는데, 이는 결혼이민정책으로 다문화가족이 급증한 것과 밀접한 연관이 있다. 전체 다문화가족 자녀 중 6세 미만의 영유아가 약 60%를 차지하는 것도 이들 대부분이 결혼이민자 자녀임을 보여준다. 우리사회에서 다문화아동을 처음으로, 그리고 가장 많이 접하는 곳은 어린이집이었다. 이러한 배경에서 그간 정부의 다문화가족 자녀지원정책은 양육지원, 특히 어린이집 이용과 보육료지원에 초점이 맞추어질 만큼 이들의 존재는 중요한 정책대상으로 부상되었다[3].

그러나 점차 다문화 아동들이 성장하여 학교에 입학하고, 청소년이 되면서 다문화가족 자녀지원정책은 아동의 학업 및 학교적응지원에 무게를 두게 되었다. 지난 5년간 중·고등학교 재학 중인 다문화 청소년은 2.2배 이상 늘어나, 2014년(7월 기준)에는 3만 명이 넘었다(안전행정부, 2014). 이는 다문화가족 자녀의 자연성장에 기인한 점도 있지만, 국제결혼 재혼가정의 증가에 따른 중도입국 청소년이 증가한 것과 연관된다. 그러나 이들처럼 다문화가족의 자녀로서 공식적 확인이 가능한 아동 이외에, 실제 국내거주 다문화 및 다민족 배경의 아동은 더 많을 것으로 추정된다. 법적으로 다문화가족의 범주에 포함되지 않는 이주노동자의 자녀들이 부모를 단기방문하였다가 장기체류하는 경우도 적지 않으며, 특히 이들 중에는 불법체류하는 경우도 있기 때문에 그 수를 정확히 확인하는 것은 여전히 쉽지 않으며, 따라서 이들이 아동권리의 사각지대에 존재할 가능성이 높다.

● 중도입국 자녀란?

- 결혼이민자가 국적 취득 후 현지에서 거주 중이던 자신의 자녀를 초청하는 경우
- 결혼이민자가 국내입국 후 한국인 배우자를 만나 한국인 자녀로 입양하여 초청하는 경우
- 국적회복을 한 동포 1세의 3세가 2세 부모를 따라 입국하는 경우
- 한국인 배우자와 혼인한 외국인 배우자가 국외출생의 자녀를 추후에 입국시키는 경우

(자료: http://immigrant.tistory.com/177(아시아이주문화공간 오늘)

3) 정부는 모든 영유아 대상의 전면 무상보육을 실시하기 이전인 2011년부터 다문화가정아동에게 부모소득수준과 무관하게 전면 무상보육을 제공하기 시작했다.

2) 다문화사회가 던지는 문제, '단일민족 국가는 자랑거리인가?'

앞서 살펴본 것처럼 우리사회는 인종적·민족적·문화적으로 빠르게 다양화되어 가면서 명실상부 다문화사회로 진입하였다. 이들의 수가 점차 증가하는 것은 물론 그 국적과 인종 구성도 갈수록 다양화되고 있다. 결혼이민자나 이주노동자의 국적은 조선족을 포함한 중국을 비롯하여, 베트남, 필리핀, 캄보디아, 몽골, 태국, 미국, 러시아, 대만 등이 대표적이지만, 인도나 네팔, 우즈베키스탄 등 기타 국적도 많으며, 더불어 인종도 다양화되고 있다.

이러한 현상은 소위 '단일민족'을 자랑거리로 여기고 이를 국민적 자부심으로까지 여기던 우리사회의 커다란 사회적 변화이자 문화적인 충격이 아닐 수 없다. 더구나 이 같은 다문화사회로의 변화는 오랜 기간에 걸쳐 점진적으로 진행된 것이 아니라, 1990년대 및 2000년대에 걸쳐 급속히 이루어진 것이기 때문에, 우리사회가 이러한 변화를 자연스럽게 수용하는 것은 쉬운 일이 아니다. 과거와 달리 실생활 깊숙이 들어온 이들을 근거리에서 접촉하게 되면서 서로의 문화적 차이가 더 크게 부각되고 갈등과 차별이 사회문제가 되고 있다. 특히 이들 이방인 중에는 우리에게 매우 낯설고 정보 자체가 부족한 나라 출신도 많기 때문에, 이해부족에서 오는 편견이 더 클 수 있으며, 이러한 편견은 학교 등 아동의 생활현장에서 여과 없이 전달되어 혼혈아동이나 외국인 아동의 인권침해로 이어지기도 한다.

● "단일민족", "순수혈통주의" 강조는 인권침해!

- 유엔 인종차별철폐위원회(CERD)의 권고(2007.8): "한국이 단일민족을 강조하는 것은 한국사회에 널리 퍼진 인종우월주의를 드러내며, 이는 국제기준에서 볼 때 인종차별에 해당할 수 있으므로 정부는 다른 국가출신, 다른 인종에 대한 차별을 없애기 위해 앞장서야 한다."
- 국가인권위원회, 이주노동자 비하·순혈주의 심각성 경고(2011.5.9.): 인권위는 2011년 10월 한달 동안 인터넷 공개 블로그, 이미지, 댓글, 동영상 등을 모니터링한 결과 총 210건의 인종차별 사례를 수집했다. 혼혈인 증가를 막기 위해 국제결혼을 중단시켜야 한다거나 특정 국가출신 외국인을 테러리즘과 연결해 위협적인 존재로 부각시키는 내용 등이 특히 많았다.

이러한 문제들은 국가적 차원의 정책마련을 우선 필요로 하지만, 동시에 이들과 함께 살아가는 사회구성원들이 이들의 사회문화적 배경에 대한 충분한 이해를 바탕으로 이들과 공존하기 위한 변화된 관점과 태도를 가질 것을 요구한다.

제3절 다문화아동의 권리현황 –여전히 '이방인'으로 겉도는 아동들

1) 다문화아동 차별금지에 대한 국제협약과 국내법

인종차별은 전 세계적으로 역사적 뿌리가 깊기 때문에, 국제결혼과 이주가 활발해지면서 아동권리에 관련된 국제법과 국내법들은 결혼이민자 자녀이든 이주노동자 자녀이든 다문화아동의 차별방지와 인권보장을 위한 법적 대책을 마련하고 있다.

국제협약으로는 유엔아동권리협약(이하 아동권리협약이라 칭함)이 가장 중요하지만, 이외에도 시민적·정치적 권리에 관한 국제협약(이하 '국제인권규약B'), 모든 이주노동자 및 그 가족의 권리에 관한 국제협약(이하 '이주노동자 권리협약') 등이 다문화아동의 권리에 대하여 규정하고 있다. 이들 국제법은 자국 내의 아동에 대해 당사국들이 기본적으로 국적과 인종, 종교, 피부색, 언어 등으로 차별받지 않을 권리를 보장할 의무가 있음을 명시하고 있다.[4]

한편 국내법에서는 헌법을 필두로 다문화가족지원법, 아동복지법, 초중등교육법 등이 다문화아동의 생존 및 보호, 발달에 관한 권리를 규정하고 있으며, 기타 세부적 사안에 관하여 다양한 관련법들에 산발적으로 명시되어 있다(〈표 6-1〉).

국제법의 핵심이념인 무차별평등의 원칙과 아동 최상의 이익의 원칙은 다문화아동의 문화적 배경, 특히 부모가 어떠한 불리한 법적 지위에 있더라도 이로 인한 불이익을 받지 않도록 방어해준다. 그러나 국내법의 세부규정이 이러한 원칙을 일관성 있게 모두 담아내는 것은 아니기 때문에, 다문화아동 권리의 사각지대가 존재한다.

더구나 국내법들은 국민의 권리를 규정하는 만큼, 헌법의 평등권이나 아동관련법에서 명시하고 있는 인종 등과 관련된 무차별의 권리들은 귀화자나 내국인과의 가족관계에 있는 다문화아동에게만 적용되며, 주로 외국국적의 이

4) 예로서, 유엔아동권리협약 제2조는 "당사국은 자국의 관할권 내에서 아동 또는 그의 부모나 법정 후견인의 인종, 피부색, 성별, 언어, 종교, 정치적 또는 기타의 의견, 민족적, 인종적 또는 사회적 출신, 재산, 장애, 출생 또는 기타의 신분에 관계없이 그리고 어떠한 종류의 차별이 없이 이 협약에 규정된 권리를 존중하고, 각 아동에게 보장하여야 한다"고 규정하고 있다.

주노동자자녀나 국내출생의 무국적 아동들은 국내법 테두리 밖에 존재한다. 물론 이들도 "국제법과 조약이 정하는 바에 의하여 그 지위가 보장"(헌법 제6조 2항)될 수 있지만, 실제 이들은 권리 사각지대에 존재할 가능성이 매우 높다.

〈표 6-1〉 국제법 및 국내법의 차별금지규정

<table>
<tr><th></th><th>법</th><th>차별금지의 법규정</th></tr>
<tr><td rowspan="3">국제법</td><td>아동권리협약</td><td rowspan="3">• 협약 당사국들은 아동을 포함한 모든 사람의 인종, 피부색, 언어, 종교, 민족적 · 인종적 출신 등에 관계없이 어떠한 종류의 차별도 없이 그 권리를 보장할 것을 규정.</td></tr>
<tr><td>국제인권규약B</td></tr>
<tr><td>이주노동자권리협약</td></tr>
<tr><td rowspan="6">국내법</td><td>헌법</td><td>• 모든 국민의 법 앞에서의 평등과 생활의 모든 영역에서 차별금지를 규정(제11조)
• 외국인은 국제법과 조약이 정하는 바에 의하여 그 지위가 보장되어야 함을 규정(6조)</td></tr>
<tr><td>아동복지법</td><td>• 아동이 자신 또는 부모의 종교, 출생지역, 인종 등에 따른 어떠한 차별도 받지 않도록 국가와 지자체가 시책을 강구할 것을 규정(제2조, 제4조)</td></tr>
<tr><td>다문화가족지원법</td><td>• 아동보육 · 교육을 실시함에 있어서 다문화가족 아동을 차별하여서는 안 된다고 규정(제10조)</td></tr>
<tr><td>초중등교육법</td><td>• 다문화아동 특별학급설치에 대한 규정(시행령 제19조)</td></tr>
<tr><td>영유아보육법</td><td>• 영유아가 자신이나 보호자의 종교, 인종, 출생지역 등에 따른 어떠한 차별도 받지 않고 보육받도록 규정(제2조. 2011.8개정으로 '인종' 추가)
• 취약보육의 대상에, 영아, 장애아, 다문화가정 아동 포함(제26조)</td></tr>
<tr><td>기타</td><td>• 출입국관리법
• 재한외국인처우기본법
• 국적법</td></tr>
</table>

2) 차별과 편견 속에서 실종되는 법적 권리들

국내법의 테두리 내에서 차별받지 않을 법적 권리를 보장받는 아동은 다문화가족지원법의 적용을 받는 다문화가족의 자녀들이다. 대부분이 결혼이민자 가족 자녀인 이들은 국내출생의 국적취득 아동이든 중도입국자녀이든 생존과 발달, 복지를 보장받을 합법적 권리를 가진다. 특히 국내법들은 이들이 '인종적' 차별을 받지 않도록 관련 법규정을 두고 있으며, 보육·교육분야에서는 '다문화가족 아동'의 차별금지 규정을 별도로 두고 강조하고 있다.

그러나 지역사회나 어린이집, 학교 등 이들의 다양한 삶의 현장은 여전히 사회적 편견과 차별의 벽이 높아, 법적 권리가 실현되기까지 넘어야 할 장애물이 많다.

다음에 제시된 사례들은 다문화아동의 법적 권리가 실종되고 있는 현실을 단적으로 보여준다. 이는 인종적, 종교적, 언어적 소수집단의 아동이 자신의 고유문화를 향유하고 고유의 종교를 믿고, 고유의 언어를 사용할 권리를 거부당하지 않는다고 규정하고 있는 아동권리협약(제30조)을 무색하게 한다. 다양한 문화를 무시하고 우리문화를 일방적으로 강요하거나, 이방인으로 차별하는 것은 이들의 고유한 정체성을 파괴하는 일종의 문화적 폭력이다. 더욱 문제가 되는 것은 이러한 편견이 우리사회의 뿌리 깊은 문화나 국민정서와 연관되어있어 그 개선이 쉽지 않다는 점이다. 우리나라 초중고생들의 다문화아동에 대한 차별의식은 점차 개선되고 있지만[5], 교육현장에서 또래집단이나 교사에 의한 편견과 차별이 여전히 일상적으로 존재하고 있다.

5) 한국청소년정책연구원(2013)의 초중고 대상 설문조사에 의하면, '다문화아동을 친구로 사귈 수 있다'는 응답이 67.8%(2009년)에서 87.9%(2011년)으로 점차 높아지고 있다.

• 이방인 낙인찍는 학교, 차도르 입학 거부 – '그들만의 교실'

다문화가정 학생들이 학교에서도, 학교 밖에서도 환영받지 못하는 '이방인'으로 방치되고 있다.

- "차도르 벗지 않으려면 학교 오지 마.": 지난 3월 경기도 모 초등학교는 이슬람 여성들의 전통복 차도르가 '위험하다'는 이유로 방글라데시 출신 아키(가명 · 8)의 입학을 거부했다. 다문화센터의 중재로 뒤늦게 입학은 했지만 교사들의 곱지 않은 시선 때문에 학교생활에 쉽게 적응하지 못했다.
- 종교문제로 교복치마를 입지 못했던 파키스탄 국적의 알리야(가명 · 18)는 지난해 한국을 떠났다.
- 어머니가 중국인인 이군(8)은 외모와 언어로 구별되지 않았으나, 올 초 담임이 다문화학생은 손 들어보라고 한 것이 발단이 되어, 친구들로부터 '중국으로 돌아가라'는 등 놀림을 받아야만 했다.
  종교와 문화적 차이를 인정하지 않는 일부 교사들의 획일적 교육은 다문화학생들에게는 '폭력' 수준으로, 이들의 교육기회조차 빼앗고 있다. (경인일보. 2014년 07월 14일에서 발췌)
- 학교에 입학한 후에도 피부색이 다르고, 한국어를 잘 못한다는 이유로 친구들에게 놀림과 왕따를 당하거나, 검둥이, 튀기라는 친구들의 놀림에 상처를 받아 "피부를 하얗게 수술해 달라"고 부모를 조르기도 한다. (연합뉴스 2011.3.21.에서 발췌)

함께 살아가는 것을 익히는 것은 교육의 기본 중심목표이자 철학이며, 다문화교육은 이러한 철학을 실현하는 중요한 수단이 될 것이다. 이 점에서 미국다문화교육협회(NAME)의 다문화교육에 대한 정의를 새겨둘 필요가 있다. 즉 NAME는 다문화교육을 상호의존의 세상에서 학생들이 함께 살아갈 준비를 하기 위한 기초를 제공하는 '철학적 개념'으로 정의하고 있으며, 이 개념은 '자유, 정의, 평등, 공평, 인간존엄성'에 근거하고 있다(H. Starkey, 2014). 이러한 다문화교육 철학의 구현을 위해서는 교사의 인식개선 및 전문성 향상이 전제되어야 함은 말할 것도 없다.

그러나 사회인식의 개선만으로 이들이 우리사회의 어엿한 구성원으로 정착하는 것을 보장하기는 어렵다. 왜냐하면 대다수 다문화아동들은 출생부터 성장과정에 걸쳐 공정한 경쟁과 사회참여를 하기에는 여러 모로 불리한 여건에 처해 있기 때문이다. 예컨대 결혼이민여성의 자녀는 언어습득이 중요한 유아기에 한국말이 서툰 외국인 어머니의 교육을 받으며 성장하기 때문에 언어발달이 지체되고 의사소통에 제한을 받거나(조영달, 2006), 또는 이중언어환경 자체 때문만이 아니라 빈곤과 같은 사회경제적 환경의 영향에 의해 이들의 언어발달이 지연되기도 한다(박혜원, 조증열, 최현숙, 2010). 요컨대 특수한 부모환경 및 열악한 가정환경이 아동의 언어발달의 지체 및 학업능력의 부족으로 이어져 유치원이나 학교에서의 부적응 또는 중도탈락의 요인이 된다는 것이다.

법조문만으로 권리가 실현되는 것이 아니므로, 아동 개개인이 처한 실생활에서의 구체적 지원을 통해 권리주체인 아동의 역량강화를 뒷받침하는 것이 필요하다. 현재 전국 시군구에 설치된 다문화가족지원센터(2014년 기준 214개소)가 결혼이민여성 중심의 지원에서 다문화아동지원으로 그 무게중심을 옮겨가는 것도 이러한 필요성을 반영하는 것이다.

3) '이 땅에 살고 있으나 존재하지 않는', 법 테두리 밖의 아동들

● "한국 떠나기 싫은데…" 8살 마히아 '슬픈 이별'

이 땅서 태어나고 자랐으나 부모의 불법체류 굴레에, 배움도 미래도 허락되지 않아. 아빠와 헤어져 방글라데시로....

마히아는 경기도 마석초 녹촌분교 2학년생이었다. 서울 망우리에서 태어났으나 한국 국적도 없고 방글라데시 국적도 얻지 못한 무국적자로 8년을 살아왔다. 부모는 2000년대 초반 3개월 관광비자로 한국에 들어왔고 이내 '불법 체류자'(미등록 외국인) 신세가 되었다. '속인주의'를 택한 국내법상 한국 국적취득은 당연히 안 되었고, 방글라데시 대사관에 가서 딸아이의 출생신고를 하고 싶었으나 불법 체류자인 것이 들통날까봐 엄두를 내지 못했다.

마히아는 태어나자마자 폐렴에 걸려 1주일 넘게 인큐베이터 신세를 졌다. 건강보험 혜택을 받을 수 없어 병원비만 300만 원 넘게 나왔다. 감기진료에는 6만원이 든다. 이들을 정작 두렵게 하는 건 병이 아니라 돈이다.

한국에서 나고 자란 마히아는 뼛속까지 한국 정서를 갖고 있다. 김치를 좋아하고, 방글라데시말(벵골어)도 거의 모르며, 자신을 방글라데시인이라고 생각해본 적도 없다. 붙임성이 좋아 학교 친구도 많고 학업 성적도 우수했다. 그러나 상급학교에 진학을 거절당하기 쉬우며, 언제 단속에 걸려 부모와 강제 추방될지 모른다. 아이의 어두운 미래를 걱정하여, 결국 아빠는 지난 8일 엄마, 동생과 함께 마히아를 방글라데시행 비행기에 태워 보냈다.

(출처: 한겨레신문 2013.5.8~5.9, 한겨레21 2009. 5. 18, 2009. 12. 1 등에서 발췌)

제시된 사례는 이 땅에서 출생하였으나 본인의 의사와 무관하게 부모의 법적 지위에 의해 국제미아로 살아가야 하는 미등록 이주아동들의 권리침해 실상을 잘 보여준다.

이처럼 가장 심각한 문제상황에 처해있는 다문화아동은 법 테두리 밖에 존재하는 아동들로서, 대부분 장기체류 이주노동자 자녀들이 여기에 해당된다.

이들의 법적 지위는 부모의 법적 신분에 의해 크게 달라지는데, 합법적 등록 이주노동자의 자녀들과 달리, 불법체류 미등록이주노동자 자녀(이하 '미등록 이주아동')들은 법적지위를 상실한 채 '유령처럼' 살아가고 있다. 불법체류 이주노동자가 국내에서 자녀를 출생하는 경우가 늘어나지만, 정확한 현황파악도 불가능한 상태이다. 법무부는 19세 이하 미등록이주자 자녀가 5,681명(2012년 기준)이라고 하지만, 이주노동자 관련단체들은 이주노동자 자녀와 중도입국 자녀가 이보다 훨씬 많은 2만 명 이상이 될 것으로 추산하며, 이들 중 유아교육기관, 초중고의 학교에 재학 중인 아동은 약 10%에 불과할 것으로 보고 있다. 미등록이주아동들의 대표적인 문제들을 살펴보면 다음과 같다.

(1) 이 땅에서 출생한 무국적의 아동들

● 아동권리협약 제7조(이름과 국적)

1. 아동은 출생 후 즉시 등록되어야 하며, 출생 시부터 성명권과 국적취득권을 가지며, 가능한 한 자신의 부모를 알고 부모에 의하여 양육받을 권리를 가진다.
2. 당사국은 이 분야의 국내법 및 관련국제문서상의 의무에 따라 이러한 권리가 실행되도록 보장하여야 하며, 권리가 실행되지 아니하여 아동이 무국적으로 되는 경우에는 특히 그러하다.

● 이주노동자권리협약 제29조

이주노동자의 자녀는 성명, 출생등록 및 국적에 대한 권리를 가진다.

우리나라의 국적법은 속인주의(혈통주의)를 원칙으로 하기 때문에 외국인 자녀를 출신국(대사관)과 출입국관리사무소에 등록해야 한다. 그러나 자국에의 출생신고가 여의치 않거나, 부모가 불법체류 신분노출을 꺼려 출생신고를 기피하는 경우, 아동은 무국적자로서 서류상 '존재하지 않는' 상태로 살아가게 된다.

그간 유엔아동권리위원회, 인종차별철폐위원회 등은 부모의 법적 지위와 상관없이 출생등록에 대한 아동권리를 보장하라고 권고하여 왔다. 이에 2012년 10월 출입국관리법에 공무원의 '통보의무의 면제'조항(시행령 제92조의2)을 신설(2012.10.15)하여, 공무원이 직무수행 중 강제퇴거대상자 등을 발견할 때 출입국기관에 통보할 의무를 면제함으로써 출생등록으로 인한 부모의 불이익을 배제하고자 하였다. 그러나 현실에서는 부모들이 여전히 신분노출에 의한 강제추방을 우려하여 출생등록을 포기하는 경우가 많다. 한국에서 출생한 모든 아동에 대해 등록할 것을 의무화하는 것이 필요하지만, 법적으로 실질적으로 이를 완전히 보장하기는 쉽지 않다.[6] 또한 출생등록을 하더라도 불법체류의 신분이 달라지는 것은 아니므로, 안정된 체류가 보장되는 것은 아니다.

(2) 어린이집과 학교의 문턱을 넘기 어려운 아이들

● 아동권리협약 제6조, 제28조, 제29조

제6조(생존과 발달) 2. 당사국은 아동의 생존과 발달을 최대한 보장하여야 한다.

제28조(교육) 1. 당사국은 기회균등의 기초 위에서 아동의 교육받을 권리를 보장하기 위하여, 무상의 초등교육을 의무적으로 실시하여야 한다. 또한 학교의 정기출석을 권장하고 중퇴율 감소를 위한 조치를 취하여야 한다.

제29조(교육의 목적) 1. 당사국은 아동이 자신의 부모, 문화적 주체성, 언어 및 가치, 그리고 현 거주국과 출신국의 국가적 가치 및 이질문화를 존중하도록 교육하여야 한다.

6) 「이주노동자 미취학 자녀의 양육환경 실태조사 보고서」(2012)에 의하면, 태국처럼 자동으로 출생등록되는 제도를 고려할 필요가 있는데, 태국은 병원에서 태어난 모든 아동의 정보를 등록시스템과 자동 연계시켜, 부모들의 신고부담을 덜어주고 있다.

결혼이민자의 다문화가족 자녀는 취약보육 우선실시 대상이지만(영유아보육법 제26조), 미등록이주아동은 취약보육대상이나 무상보육의 대상에서 제외된다. 단지 지원정책의 대상에서 제외될 뿐만 아니라, 현실에서는 대부분 비자가 없기 때문에 입소가 거절되며, 피부색이 다른 외국인이라는 이유로 거절당하기도 한다. 또는 부모들이 아동입소과정에서 불법신분이 드러날 것을 우려하여 취원을 꺼리거나 비용부담 때문에 이용하지 못하기도 한다.

결국 이들은 유아보육·교육의 기회를 박탈당하고 집에 머무르거나 혼자 방치되는데, 국가인권위(2010년)의 조사에서도 조사대상 35%의 이주노동자 자녀들이 입학 전에 혼자 있는 것으로 나타났다. 이처럼 준비 없이 학령기에 도달한 아동들은 비자문제 이외에 한국어능력 부족으로 학교입학을 거절당하기도 하고, 입학하더라도 언어문제나 학습능력 부족 등으로 학교생활에 부적응하거나 중도탈락하는 경우가 많은데, 이러한 비율은 고학년이 될수록 높아진다. 때로는 학습능력을 고려하여 몇 학년 낮추어 배정되기도 하는데, 이는 더 큰 부적응문제를 낳기도 한다. 특별학급 설치는 이러한 문제에 대한 대안이 되며, 초중등교육법의 개정(2013.10)으로 다문화가족학생을 대상으로 그 법적 근거가 마련되었으나 미등록이주아동은 그 대상에서 제외된다.

대부분의 유럽연합국가들은 6세~16세 미등록이주아동의 의무교육을 법적으로 보장한다. 특히 벨기에, 이탈리아, 네덜란드의 경우 '이주지위에 관계없이 모든 아동의 교육권 보장'을 특별히 명시하고 있다(군포아시아의창 외, 2012: 50).[7] 우리나라도 전입학 절차를 간편히 하여, 부모가 출입국사실 확인을 동의하지 않더라도 아동의 이주 신분에 상관없이 전입학이 수월하도록 법이 개

7) 특히 벨기에는 미등록이주아동의 교육권을 명시하고 학교 행정 담당자나 교사들이 아동과 부모의 이주지위에 대해 경찰에 통보하지 않을 것을 보장하며 미등록 이주아동이 학교 근처에서 체포되지 않을 권리를 보장하고 있다(군포아시아의창 외, 2012:51).

정되는 진전이 있지만[8], 학업과정을 지속하기까지 넘어야 할 장벽은 여전히 높다.

장기적으로 볼 때, 이들의 학교이탈이나 부적응은 사회문제로 이어질 수 있다. 따라서 이주아동의 발달권보장은 물론 사회통합의 차원에서도 이들이 영유아기부터 적절한 보육과 교육을 받으며, 자신의 잠재력을 발달시켜 건강한 사회성원으로 성장할 수 있도록 지원하는 것이 필요하다.

(3) 복지국가에서 복지권이 박탈된 아이들

아동권리협약(제26조)은 모든 아동이 사회보장제도의 혜택을 받을 권리가 있으며 국내법이 이를 보장하도록 규정하고 있다.

그러나 미등록이주아동은 사회보험체계에 접근할 수 없으며, 공적부조[9]에서도 제외된다. 가장 큰 문제는 건강보험이나 의료급여제도에서 제외되어, 건강권이 위협받는다는 점이다. 비싼 의료비 때문에 치료를 포기하는 경우도 많다. 따라서 아동의 건강권이나 생존권 등 사회보장기본권이 부모의 이주지위에 의해 영향을 받지 않도록 방안을 마련하는 것이 필요하다.

(4) 부모와 함께 살 권리를 박탈당하는 아이들

미등록이주아동은 부모의 법적지위로 인해 불안정한 가족 삶을 살아간다. 언제라도 단속에 걸리면 부모와 강제 추방될 위험이 상존하며, 부모가 급작

8) 초중등교육법 시행령(19조)이 개정(2010.12)되어, 미등록 이주아동도 입국기록이나 주거기록만으로 학교에 전·입학할 수 있게 하였다.

9) 의료급여법과 긴급복지지원법은 난민에 대한 규정은 하고 있으나, 외국인이주자나 미등록이주아동에 대한 지원은 없다.

스레 강제 추방된 후 아동만 남는 경우도 있고, 아동만 강제송환되는 경우도 있다. 또는 자녀양육의 어려움 때문에 출생 후 자녀만 고국에 보내는 부모도 있다.

이는 아동권리협약의 아동의 의사에 반하여 부모와 분리되지 않을 권리(제9조), 부모에 의해 양육받을 권리(제8조), 가족재결합의 권리(10조) 등에 반하는 것이다. 따라서 강제송환의 경우 가족동반 출국을 위한 준비기간의 체류를 허용하거나 아동의 관점에서 학기를 고려하여 출국하도록 배려할 필요가 있다. 또한 아동의 국내체류가 건강사유나 출신국 상황상 최상의 이익이 될 경우, 부모를 동반한 특별체류를 허용할 필요도 있을 것이다.

제4절 우리사회의 다문화수용지수를 높여야

우리사회가 본격적으로 다문화사회로 진입하였고, 국제결혼이나 다양한 이유로 국내 이주하는 귀화자나 외국인, 그 자녀들이 앞으로도 꾸준히 늘어날 것임을 부정하는 사람은 없을 것이다. 그간 그들의 급작스러운 증가에 비해 우리사회가 그들을 수용할 준비는 매우 미흡하였기 때문에, 이로 인한 이주자의 인권침해가 많았으며, 가장 큰 희생양은 아동들이었다.

그러나 점차 관련법들을 제・개정하면서 법적인 정비를 해나가고, 이에 따른 실질적 조치들도 꾸준히 진전되어 왔다. 특히 2007년 재한외국인처우기본법, 2008년 다문화가족지원법이 제정되고, 초중등교육법 및 영유아보육법 등이 다문화아동을 고려한 개정을 해나가면서, 법적 차원에서 다문화가족 아동은 다양한 지원과 특별한 배려의 대상이 되어왔다. 그러나 이주노동자 자녀,

특히 미등록 이주노동자자녀들은 부모의 불법지위로 인하여 모든 공식적 권리를 박탈당하고 자신의 존재감을 숨긴 채 살아가야 한다.

국제협약들은 불법체류아동을 포함한 모든 아동의 생존 및 발달권을 보장하고 있지만 미등록 이주아동은 국내법의 보호 밖에서 인권 사각지대에 존재한다. 더구나 국내에서 출생하여 무국적자로 살아가는 경우도 많으며, 출생등록을 하더라도 아동이 불법체류의 신분에서 벗어나는 것은 아니기 때문에, 여전히 이들의 삶은 불안정할 수밖에 없다. 그나마 부모의 체류자격과 상관없이 학교에 다니는 것이 가능하지만, 언어와 문화, 차별과 편견 속에서 부적응이나 중도탈락하는 경우가 많다.

이러한 문제는 단지 이주아동의 문제만이 아니라 향후 사회문제의 부메랑으로 돌아올 수도 있다. 따라서 부모의 법적 지위가 아동권리 박탈의 조건이 되지 않도록 아동의 기본권 보장에 대한 별도의 조치가 필요하며, 이는 국제협약의 이념에도 부합한다. 2011년 국회 발의되었다가 한 차례 폐기되고, 2014년 재차 발의예정에 있는 '(가칭)이주아동권리보장법'－한국에서 태어나거나 3년 이상 체류한 모든 이주아동에게 영주권을 주고, 건강보험 혜택과 중학교 의무교육도 받을 수 있도록 규정하는－은 이러한 조치의 일환이 될 수 있을 것이다.

또한 합법적 지위의 다문화가족 아동들도 현실에서는 피부색, 언어, 종교나 문화 등을 이유로 이방인으로 간주되거나 차별받는 경우가 많다. 차별받지 않을 권리가 선언적 차원이 아니라 실체를 갖기 위해서는 관련법규들이 보다 구체화된 세부적 내용을 담아내는 것도 필요하지만, 실생활에서 권리주체인 다문화아동의 역량강화를 뒷받침하기 위한 세심한 제도적 지원도 필요하다. 하지만 가장 중요한 것은 국민 모두가 고정관념과 편견을 버리고, 이들을 사회구성원으로 받아들이고 함께 공존하고자 하는 태도, 즉 '다문화수용지수'를 높이는 것이 될 것이다.

참고문헌

군포 아시아의창, 안산이주민센터, 오산이주노동자센터, 평택외국인복지센터, 유엔인권정책센터(주최) (2012). 국가인권위원회 후원. 이주노동자 미취학 자녀의 양육 환경 실태조사 보고서(2012.11).

김영지, 김경준 (2013). 한국 아동・청소년 인권실태 연구III: 2013 아동청소년 인권실태 조사 통계. 한국청소년정책연구원.

대구서구 다문화가족지원센터 (2013). 2013 다문화가족사례관리사업 사례연구보고서.

박혜원, 조증열, 최현숙 (2012). 다문화가정과 저소득층 아동의 문식성 발달 비교. 숙명여자대학교 다문화통합연구소. 다문화사회연구. 제5권 2호: 97-120.

안전행정부 (2014). 외국인주민현황조사(2014.7).

여성가족부 (재)한국건강가정진흥원. (2011). 2011 특성화프로그램 발굴 사업 사례보고서.

여성가족부 (재)한국건강가정진흥원. (2013). 2013 다문화가족 사례관리사업 결과보고서.

여성가족부 (2014). 2014년 다문화가족지원 사업안내.

조영달 (2006). 다문화가장 자녀의 교육실태조사. 교육인적자원부.

Hugh Starkey (2014). Learning to live together: children's rights, identities and citizenship. 한국청소년정책연구원 개원 25주년 기념 국제 세미나 자료집:다문화시대 아동청소년의 인권과 시민교육. 2014.5.12.

통계청 사이트.

http://immigrant.tistory.com/177(아시아이주문화공간 오늘)

http://www.liveinkorea.kr/kr/index.asp(다문화가족지원포털 다누리)

www.mogef.go.kr(여성가족부)

제7장 사법체계와 아동

아동이 사법체계에 연관되는 계기는 주로 범죄행위를 저지르는 경우이다. 범죄행위아동은 체포되어 경찰서에서 조사를 받거나, 검찰청을 거쳐 법원에서 판결을 받게 된다. 세계적인 추세는 이들이 비록 범죄자일지라도 성인과는 다른 아동 고유의 발달적 특성을 고려하여 그들의 권리를 침해하지 않도록 특별한 고려를 하도록 강조하고 있다.

범죄아동이 아닌 경우라도 아동은 범죄피해자나 목격자로서 사법체계에 연관되기도 한다. 이들은 증인이나 참고인으로 사법체계 속에 포함되기 때문에, 범죄자와 달리 그 보호가 우선시된다.

그러나 아동이 범죄자이든 피해자나 목격자이든 일단 사법체계 속에서 다루어지게 될 경우, 사법체계는 성인과 다른 아동의 특성을 충분히 이해하고 아동의 권리를 존중해주는 '아동친화적 사법체계(child-friendly justice)', '아동을 세심히 배려하는 사법체계(child-sensitive justice)'가 되는 것이 중요하다. 이러한 아동친화적인 사법체계를 관통하는 가장 중요한 핵심 관점은 사법체계에 연관되는 아동에게는 특별한 보호가 제공되어야 한다는 것이다(CRIN, 2011).

제1절 사법체계에 연관되는 아동은 누구인가?

1) 소년사법의 당사자, 범죄행위 아동

(1) 누가 소년사법의 대상이 되는가?

일반적으로 사법체계 내의 아동·청소년(이하 '소년')은 소년사법(juvenile justice)의 보호대상이 되는 10~19세 미만의 소년[1]으로, 소년범죄를 행한 '범죄소년'과 '촉법소년' 및 범죄행위의 우려가 있는 '우범소년'을 지칭한다. 이들 중 범죄소년과 촉법소년은 소년범죄자로서 소년사범이라고도 하며, 경찰조사에서부터 법원판결에 이르기까지 사법절차를 거치게 된다. 그러나 이들은 성인이 아니기 때문에, 처벌보다는 교육과 선도의 대상이 되며, 사법절차에서 성인과 달리 특별히 고려하고 배려해야 할 인권보호의 요소들이 강조되고 있다[2]. 즉 소년사법절차는 국가가 자애로운 부모처럼 범죄소년을 교육 및 선도한다는 국친주의에 입각하여야 한다는 것이 전 세계적으로 받아들여지고 있다(조복전, 2002 참고).

● 소년사법(juvenile justice)의 보호대상이 되는 소년들

미성년인 19세 미만의 소년으로서 범죄를 행하거나 범죄우려가 있는 다음의 경우, 소년사법의 보호대상이 된다(소년법 제4조 1항).

- 범죄소년: '범죄행위'를 한 14세(형사책임연령)~19세 미만의 소년

1) 우리나라 소년법(제2조)이 정한 '소년'은 19세 미만인 자를 말하지만, 만 10세 미만의 아동은 처벌이나 보호처분의 대상에서 제외된다.
2) 소년법은 성인과 달리 형사처분에 관한 특별조치와 더불어 보호처분을 통한 보호의 필요성을 강조하고 있다.

- 촉법소년: 10세~14세 미만 소년에 의한 '촉법행위' 소년(형법저촉행위를 하였으나 형사책임을 묻지 않음)
- 우범소년: 범죄행위의 우려가 있는 소년(집단적으로 몰려다니며 주위 사람들에게 불안감을 조성하는 성벽, 정당한 이유 없는 가출, 술을 마시고 소란을 피우거나 유해환경에 접하는 성벽 있음)

 * 이 중 촉법소년과 우범소년은 형사책임이 부과되지 않고 보호처분의 대상이 된다.
 '소년범죄'라 함은 범죄행위와 촉법행위를 지칭하며 우범은 제외된다(2013 범죄백서).

(2) 아동, 더 이상 보호대상만은 아니다?

이러한 소년범죄자-범죄행위 및 촉법행위자-들의 권리보호가 본격적으로 사회정책의 관심대상으로 등장한 것은 1980년대 및 90년대의 인권 및 아동권리에 관한 국제적 관심의 증가와 소년사법에 관한 국제법의 제정과 연관된다. 이러한 국제적 추세는 아동권리의 관심을 그간 '범죄피해자'로서의 아동에 국한하던 것에서 '범죄행위자'로서의 아동으로 시야를 확장시키는 데 기여하였다.

그간 아동의 범죄피해는 성인피해와 달리 그 결과가 파괴적이고 장기적으로 지속된다는 점에서, 아동 대상의 범죄예방과 강력한 처벌에 관심이 모아졌다. 예컨대 19, 20세기의 인권에 관한 국제 선언들은 전쟁이나 다양한 성인범죄의 피해로부터 아동을 보호할 것을 각국에 촉구하여왔다. 즉 '성인=범죄행위자, 아동=범죄피해자'의 도식 하에 아동은 사법체계의 직접 당사자가 아닌 피해자로 받아들여져 왔다.

그러나 현대사회에서 아동이 각종 범죄의 행위자로 등장하는 사례가 갈수록 증가하고, 그 종류도 경미한 절도나 약취를 넘어 심각한 학교폭력이나 강력범죄, 심지어 성폭력이나 살인에 이르기까지 다양해지고 심각해지면서 중대한 사회문제로 주목받게 되었다.

우리나라는 1990년대 이후 아동청소년인구의 절대적 감소로 소년범죄도 전반적으로는 꾸준히 감소추세였고, 2008년 대폭 증가한 이후 다시 증감을 반복하여왔으나, 지난 10년간(2003~2012년) 전체 범죄인원 중 소년범죄의 비율은 2008년을 제외하고는 꾸준히 늘어났다(최인섭, 2011; 법무연수원, 2013). 이들 소년범죄는 갈수록 저연령화, 흉포화, 높은 재범률의 경향을 보이는 특성을 보여준다(법무연수원, 2013). 특히 신체적・정신적으로 피해(후유증)가 큰 성범죄 및 폭력행위의 경우, 소년범죄의 피해대상이 저연령아동이나 또래뿐만 아니라 성인으로 점차 확대되는 등 그 심각성이 커지고 재범률도 크게 증가하였다.

이처럼 소년범죄의 양상이 성인범죄 못지않게 강력해짐에 따라 범죄피해를 줄이기 위해 더 강력한 사법적 대응의 필요성이 제기되기도 하지만, 이들 소년사범은 발달기의 아동・청소년들로서 보호가 필요한 존재라는 점이 정책적 딜레마가 되기도 한다.

세계적인 추세는 이들이 비록 사법절차에서 자유를 제한할 필요가 있는 경우에도, 보호와 발달에 대한 그들의 고유한 권리를 보장받을 수 있도록 엄벌주의에서 벗어나 보호 및 교육의 관점에서 접근해야 함을 강조한다.

● '보호' vs '처벌강화' 논란 – 형벌대상 아동연령 하향의 배경

2007년 개정 소년법은 왜 형벌법령에 저촉되는 행위자 연령을 '12세 이상 14세 미만'에서 '10세 이상 14세 미만'(제4조)으로 낮추었나?

◆ 저연령화, 흉포화, 높은 재범률

2003~2012년 동안 18~19세의 범죄는 감소한 반면, 14세~17세는 대폭 증가. 폭력이나 성범죄 등 강력범죄의 비중도 커짐. 또한 초범자비율은 줄어든 반면, 전과4범 이상은 증가(출처: 2013범죄백서)

◆ '아동보호'법을 위반하는 범죄 '아동들'

► '아동·청소년의 성보호에 관한 법률'을 위반하는 성범죄소년들

- 10년간 보호처분 받은 청소년은 12배 이상 급증(62명 →782명).(2013 사법연감)
- '광주에서 고교생 2명이 평소 알고 있던 여중생을 모텔로 유인해 윤간', '천안에서 17살 고교생이 여중생과 초등학생을 2시간 간격으로 잇따라 성폭행', '10대 2명이 여중생 2명을 성폭행하고 원조교제까지 강요.'(연합뉴스 2012.9.19.)

아동청소년의 성보호에 관한 법률 위반 청소년 추이

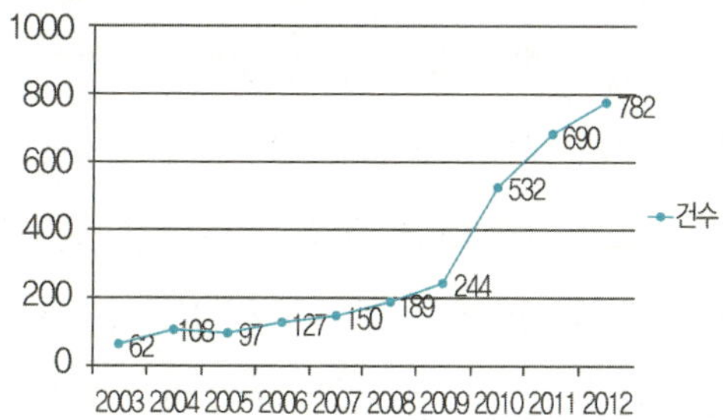

- 2014.10.7. 국회 교육문화위 검토자료에 의하면 '성관련사건 징계학생수'(2012~2014.8) 중 중학생이 58%로 가장 많고, 초등학생이 가장 가파른 증가세를 보임.

► 소년에 의한 성범죄, 피해자는 성인

- 부산에서 고교생(17세)이 밤늦게 귀가하는 여성들을 상습적으로 강제추행. 중학생(14세)이 20대 여성을 흉기로 위협, 성폭행.(연합뉴스 2007.12.7)

2) 아동증인 - 범죄피해아동 및 목격아동

범죄행위아동처럼 피의자나 피고로서 소년사법의 당사자가 되는 경우가 아

니더라도, 아동은 피해자나 목격자로서 사법체계에 포함되기도 한다. 증인으로서 자신이 경험한 피해사실이나 목격한 사건에 대하여 증언하게 되는 경우이다. 아동은 학대나 폭력의 직접적 피해자나 목격자로서 경찰조사부터 법정증언에 이르기까지 사법절차를 거치기도 하고, 부모의 이혼 등 가사소송과정에서 본인의 의사를 표명하기 위해 법정에 서기도 한다(안동현, 2014 참고).

이러한 경우, 아동은 사법절차를 거치더라도 소년사법의 규율대상이 아니기 때문에, 이들을 보호하고 그 권리가 침해되지 않도록 복지적 접근을 하는 것이 필요하다. 특히 피해아동에 대해서는 범죄피해의 조사에 앞서 즉각적인 보호와 회복을 위한 신속하고 체계적인 조치가 요구된다.

실제 아동은 범죄행위자보다는 범죄피해자가 되는 경우가 훨씬 많고, 갈수록 강력범죄의 피해가 증가하는 추세이다. 그중 성범죄피해의 증가가 두드러지는데, 2014년 10월 국회 안전행정위원회에 경찰청이 제출한 국정감사자료에 따르면, 13세 미만 아동대상 성범죄의 경우 2009년 1,007건, 2010년 1,179건, 2011년 1,054건, 2012년 1,086건, 2013년 1,123건, 2014년 상반기 634건 등으로 지난 5년간 매년 1천 건 이상, 하루에 3건 꼴로 발생한 것으로 나타났다.

따라서 이들 범죄피해아동이 자신의 피해상황을 얼마나 잘 진술하고, 법적 보호를 받는가가 중요하다. 그러나 아동이 증인이 될 때, 그 증언을 얼마나 신뢰할 것인지 논란이 된다. 즉 아동의 증언능력과 그 증언의 신빙성은 아동의 신체적, 언어적, 인지적 발달특성－회상능력, 피암시성, 언어표현력, 현실과 환상의 구분 능력 등에서 미숙 등－으로 제한되기 때문이다(곽금주・이승진, 2006; 박종선, 2006 등 참고). 이는 아동이 어릴수록 더욱 문제가 될 수 있다. 몇 살부터 아동의 증언능력을 인정할 것인지 또는 동일 연령일지라도 상이

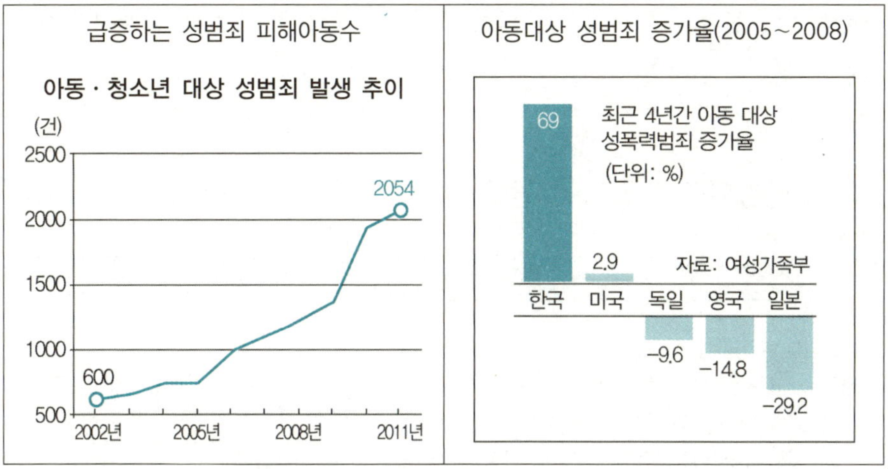

자료출처: 경찰청. www.police.go.kr
여성가족부. 2010. 국내·외 아동 성범죄 특성 분석 및 아동보호체계 연구

한 인지적 수준을 고려할 필요는 없는지, 그렇게 개별능력을 고려할 경우 그 판단기준은 무엇인지 등을 고민하지 않으면 안 된다.

또한 아동이 자신의 최상의 이익을 충분히 옹호하고 대변할 수 있도록 누가 어떻게 도와줄 것인가도 아동친화적 사법체계의 중요 관심 사안이다.

제2절 사법체계 내 아동의 법적 권리: 국제법과 국내법

아동친화적 사법의 관점은 사법체계에 포함되는 아동은 누구나 '특별한 보호'를 제공받아야 함을 강조하는데, 이는 '법이 아동의 삶을 긍정적으로 변화시키는 강력한 도구일 수도 있지만, 동시에 현실의 사법체계가 아동의 트라우마를 가중시키는 요인이 될 수도 있다(CRIN, 2011)'는 점을 고려한 것이다.

따라서 아동친화적 사법체계는 모든 법체계가 아동의 권리와 아동의 특수한 상황에 맞추어 조정될 것을 요구한다(CRIN, 2012).

1) 소년범죄자의 권리에 관한 법

● 국제법의 소년범죄자 인권

유엔아동권리협약

제37조(고문과 자유의 박탈) 어떠한 아동도 고문, 잔혹한 대우나 처벌, 불법 체포나 자유의 박탈을 당해서는 아니 된다. 사형 또는 석방의 가능성이 없는 종신형은 18세 미만의 사람이 범한 범죄에 대하여 부과되어서는 아니 된다. 자유를 박탈당한 아동은 성인과 분리되지 않는 것이 아동의 이익 최우선의 차원에서 필요하다고 생각되는 경우를 제외하고는 성인과 반드시 분리되어야 한다. 구금 중인 아동은 가족과의 접촉이 허용되어야 하고 법률적 및 기타 적절한 지원을 받아야 한다.

제40조(소년사법 운영) 법에 저촉되는 행위를 한 아동은 존엄성과 가치에 대한 아동의 지각을 촉진하는 처우를 받을 권리를 가지며, 아동의 연령이 고려되어야 하고, 사회로 복귀하는 것에 목적을 둔 대우를 받아야 한다.

● 국내법의 소년범죄자 인권

- 보호소년등의 처우에 관한 법률: 소년의 처우에 있어서 인권보호의무 포함.
- 소년법: 성인에 비해 불리한 처우를 받지 않도록, 국선보조인제도, 검사의 결정전 조사제도 등 규정.

소년범죄자의 인권향상에 기여한 국제법이나 지침들은 소년사법이 성인사법과 달리 소년의 발달적 특성과 그들의 개선 가능성을 특별히 고려할 것을 강조하였다. 1989년 유엔아동권리협약(이하 아동권리협약이라 칭함) 이외에,

1985년의 '소년사법운영에 관한 유엔최저표준규칙(UN Standard Minimum Rules for the Administration of Juvenile Justice: 일명 베이징규칙)', 1990년 '자유를 박탈당한 소년의 보호에 관한 유엔규칙(UN Rules for the Protection of Juveniles Deprived of their Liberty: 일명 하바나규칙)', '형사사법제도에서 아동에 대한 행동지침(Guidelines for Action on Children in the Criminal Justice System)' 등은 소년사범 인권보장의 규정을 두고 있다(CRIN, 2011). 또한 2011년 유럽평의회(Council of Europe)가 채택한 '유럽평의회 각료회의의 아동친화적 사법체계에 관한 지침(Guidelines of the Committee of Ministers of the Council of Europe on child-friendly justice)'은 사법체계 내에 포함되는 아동에 대하여 아동 최상의 이익의 관점에서 아동권리를 어떻게 보장해야 하는지 구체적인 지침을 제시하고 있다.

이 같은 국제법의 영향으로 우리나라도 소년법을 대폭 개정(2007. 12. 21)하는 등 소년사법 내의 인권보호에 대한 법과 제도가 진전되어왔다. 예컨대 소년법, 형사소송법 등은 고문의 금지, 아동의 사형 및 무기형의 금지, 소년사건의 비공개심리, 진술거부권의 고지, 고문에 따른 자백의 증거능력배제 등 소년인권보호규정을 두고 있고, '보호소년 등의 처우에 관한 법률'은 보호소년의 인권보호의무를 명시하고, 보안장비의 사용, 면회 시의 입회, 서신검열 등의 인권논란 규정에서 예외적 제한 규정을 명시하여, 인권침해소지를 최소화하였다(이승현, 2008 참고).

그러나 갈수록 흉포화되는 소년범죄사건이 신문지면에 수시로 오르고, 더구나 그들 범죄의 희생양도 아동인 경우, 분노한 여론은 엄중한 처벌을 강력히 촉구하는 쪽으로 쏠려 범죄소년들의 인권옹호와 엄벌을 둘러싼 논란이 불거지기도 한다[3]. 즉 아동이라는 이유로 관용을 베푸는 것이 유사범죄의 확대나 재범증가를 결과할 수 있으며, 이들에 대한 교정효과가 크지 않고, 피해자의 보호와 인권보장이 미흡한 상황에서 범죄자의 인권을 고려하는 것은 시기상조일 수 있다는 것이다. 여기에는 범죄자 인권의 거론을 마치 면죄부를 주는 것인 양 오해하는 측면도 있다. 그러나 범죄에 대한 적절한 응징도 중요하지만, 동시에 그들을 건전한 사회구성원으로 계도하려는 장기적인 노력이 미래사회의 범죄예방과 사회안전을 보장하는 지름길이 될 것이다.

2) 아동피해자 및 아동증인 보호에 관한 법

피해자와 목격자로 사법체계에 연관되는 아동을 위한 별도의 국제지침도 있다. '범죄피해아동 및 증인아동이 포함된 사안에서의 사법에 대한 유엔지침(UN Guidelines on Justice in Matters involving Child victims and Witnesses of Crime)', '범죄 및 권력남용의 피해자를 위한 사법의 기본원칙에 관한 유엔선언(UN Declaration of Basic Principles of Justice for Victims of Crime and Abuse of Power)', '형사사법제도에서 법률구조 접근권에 관한 유엔원칙 및 지침(UN Principles and Guidelines on Access to Legal Aid in Criminal Justice System)' 등이다(CRIN, 2012). 이들 지침은 아동의 특수성을 고려하여, 국가가 법을 제정하거나 정책 및 프로그램을 시행함에 있어 아동피해자와 증인을 전적으로 존중할 것을 강조하고, 이들이 어떠한 편견도 없이 그 존엄성을 존중받고, 정보제공 및 청문에 관한 권리, 사생활과 안전보장의 권리, 무료의 법률구조 등을 보장받을 수 있어야 함을 강

3) 소년사범에 대하여 사법 접근과 복지 접근의 상반된 접근이 있으며, 그 절충으로서 회복적 사법이 제안되고 있는데, 개정 소년법은 그 이념에 부합하지 않는다는 비판도 있다. (김수환, 2010; 박미숙, 2000 등 참고)

력히 촉구하고 있다(CRIN, 2011; 2012).

우리나라의 경우, 아동피해자와 증인의 권리보호는 별도의 법률이나 지침 대신, 기존의 형사소송법, 범죄피해자보호법, 성폭력범죄의 처벌 및 피해자보호등에 관한 법률 등의 피해자보호규정에 준거하거나, 아동을 별도 배려하는 개별 법조항에 의거하고 있다. 다만 그 피해가 심각한 아동성범죄의 경우, 아동피해자의 특수성을 고려하여 별도의 '아동・청소년의 성보호에 관한 법률'에서 성범죄 피해아동・청소년을 위한 구제 및 지원절차를 비교적 상세히 규정하고 있다. 그러나 아동증인의 보호에 관한 별도의 규정은 여전히 없는 실정이다.

제3절 사법절차—경찰서・검찰청・법원—에서의 아동권리

우리나라 소년사법의 대상은 형벌 법령을 위반한 범죄행위자와 범죄우려가 있는 소년으로 구분되고, 범죄에 대해 책임지는 유책연령도 다르다. 소년사법절차는 성인사법절차와 달리 보호사건절차와 형사사건절차로 이원화되어 있다. 즉 보호가 강조되고 처벌도 완화되어 있다.

이 중 보호사건으로 처리되면 형사처벌이 아니라 보호처분을 받게 되며, 이는 전과기록이 남지 않는 반면, 형사사건으로 처리되면 형벌을 받게 되고 전과기록도 남게 된다.

한편 범죄피해아동과 목격아동은 사법절차를 거치게 되지만, 범죄행위아동과는 다른 복지적 차원의 '특별한 보호'의 대상이 된다.

1) 형벌은 면죄되나 법정에 서는 아동들-소년보호사건 처리절차

소년법상 촉법소년과 우범소년은 소년보호사건의 대상이 되는데, 이들을 발견한 경찰서장이 소년부에 직접 송치하거나 학교·사회복리시설·보호관찰소의 장이 (가정법원 내) 소년부에 통고할 수 있다(소년법 제4조). 소년보호사건의 별도의 심판기관인 소년부는 조사·심리를 통해 보호처분의 필요여부를 결정한다.

〈표 7-1〉 소년법상의 소년보호사건 절차

보호대상 소년의 발견		가정법원 소년부	
경찰서장: 소년부에 송치	⇨	조사·심리 ⇨	보호처분(제32조)
학교·사회복리시설·보호관찰소의 장: 소년부에 통고 (제4조)	⇨		1. 보호자 등에게 감호위탁 2. 수강명령(12세 이상) 3. 사회봉사명령(14세이상) 4. 보호관찰관의 단기보호관찰 5. 보호관찰관의 장기보호관찰 6. 아동복지시설이나 소년보호시설에 감호위탁 7. 병원, 요양소 또는 소년의료보호시설에 위탁 8. 1개월 이내의 소년원 송치 9. 단기 소년원 송치 10. 장기 소년원 송치(12세 이상)

2007년 개정 소년법은 이러한 절차에서 소년인권보호를 강화하였다. 우선 조사·심리과정에서 의학·심리학·교육학·사회학 등의 전문지식을 활용하여 소년과 보호자 등의 품행, 경력, 가정상황 등을 밝혀야 함을 조사방침(제9조)으로 정하고, 조사·심리에서 정신과의사·심리학자·사회사업가·교육자 등 전문가진단을 고려하도록 하였다(제12조).

이를 통해 소년법원의 판결 시, 단지 범죄행위나 범죄가능성에 대한 법리적 판단만이 아니라, 다양한 전문가의 판단에 의거하여 소년의 발달특성과 환경적 맥락을 고려한 보호결정을 할 수 있게 되었다. 또한 소년보호사건 절차에서도 국선보조인을 선정하게 함으로써(제17조, 제17조의2), 소년의 이익을 옹호하고자 하였다.

그러나 특히 우범소년의 경우 그 판단기준이 자의적일 수 있고, 범행이 없이 범죄 '우려'만으로 처분을 한다는 것이 과연 정당한 것인지, 성인에게 문제시되지 않는 것을 소년에게만 적용하는 것이 소년인권의 침해는 아닌지 논란이 된다. 또한 촉법소년의 하한연령을 10세로 하여, 보호처분 대상으로 삼은 것도 아동인권에 반한다는 국가인권위의 의견표명이 있었다.[4] 보호처분이 비록 '소년의 장래 신상에 어떤 영향도 미치지 않는다'(제32조 9항) 하더라도, '형사제재의 일종'(오영근, 2002:9)이며, 소년법원의 법정에 섰다는 사실, 보호처분대상이었다는 사실만으로도 부정적 낙인이 발생할 수 있고, 수사경력자료 조회로 사생활보호권이 침해되기도 한다(〈표 7-3〉). 따라서 14세 미만의 촉법소년이나 우범소년은 형사적 처벌보다는 교육과 계도의 대상임을 고려하여, 사법적 접근보다는 복지적 접근이 보다 효과적이고 바람직할 수 있다고 꾸준히 지적되어왔다(장중식, 2008; 최병각, 2007; 오영근, 2002; 오영근, 최병각. 1995 등).

그러나 복지적 접근방안을 마련함에 있어, 보호처분의 기본취지－범행에 대한 응징과 형벌을 면하는 대신, 발달기 소년범죄에 대한 조기개입과 이를 통한 재범예방이라는－를 살리는 것이 필요하다. 즉 우범소년이 심각한 성인범죄자로 성장하거나 어린 촉법소년이 재범을 하지 않도록 사전에 방지하기

4) 2007년 9월 20일자 소년법 개정안의 적용연령 하향화에 대한 인권위 의견

위해서는 가능하면 조기개입이 효과적이므로, 사회는 어떠한 형태로든 이를 엄중하게 다루면서 동시에 선도조치를 하지 않으면 안 된다.

이러한 양면적 목적을 조화롭게 달성하기 위해서는 소년의 인권강조가 단지 처벌의 완화가 아니라, 전인적인 성장을 위한 다양한 교육 및 지원시스템을 마련하는 것으로 이어져야 할 것이다. 그러나 법원개입을 배제하고 전문기관이 복지적 개입을 효과적으로 집행하는 것은 쉽지 않으므로, 행정권한 또는 법원권한에 의해 이러한 지원을 뒷받침할 필요가 있다. 보호대상소년의 인권을 옹호하면서 실효성 있는 복지적 접근을 해나가는 것은 실무현장에서 여전히 고민해야 할 중요과제이다.

2) 형벌대상인 범죄행위 아동들-소년형사사건 처리절차

일단 범죄를 저지른 소년은 경찰서에서 조사를 받은 다음, 검찰청을 거쳐서 법원에 송치되는데, 검찰청의 단계에서 검사는 기소를 할지, 보호처분을 할지, 조건부 기소유예를 할지 결정한다.

〈표 7-2〉 **범죄소년의(소년형사사건의) 처리절차(개정 소년법)**

경찰서		검찰청		법원
조사	⇨	공소제기(기소)	⇨	형사법원: 형사처벌 여부를 결정(가정법원으로 보내서 보호처분 등을 받게 할 수도 있음)
		가정법원 소년부에 송치	⇨	가정법원(소년부): 보호처분의 여부를 결정
		선도조건부 기소유예	⇨	지역의 선도위원들에게 위촉
비고: 인권보호 관련제도		• 처분결정 전 조사제도		• 형사법원에서 판결전 조사제도 • 보호사건에도 국선보조인제도 도입

형사사건절차에서 소년인권을 위한 소년법의 개선사항으로는 검사의 처분결정전 사전조사제도나 선도조건부 기소유예, 형사법원에서 판결전 조사제도, 보호사건에서의 국선보조인제도 등이 있다. 이외에도 소년법은 체포·구속 시 본인 및 보호자에 대한 통지, 진술거부권, 국선보조인제도, 비공개 심리, 나아가 '친절하고, 온화한' 심리방식(소년법 제24조)에 대한 규정 등 소년의 인권보호 규정들을 담아내고 있다.

그러나 이러한 법규정에도 불구하고, 소년형사사건은 소년보호사건에 비해 실제 사법처리과정에서 인권문제가 더 많이 제기되고 있다. 특히 경찰조사과정에서 소년에 대한 폭언과 위협,[5] 보호자에 대한 통지 불이행 등의 문제로 국가인권위원회나 국가권익위원회에 진정되는 사례들이 있어왔다(〈표 7-3〉).

검찰조사단계에서 처분결정전 사전조사제도(제49조의2)는 선도보다는 처벌에 무게를 둘 가능성이 큰 검사가 처분결정에 앞서 소년의 품행·환경 등을 조사할 수 있도록 함으로써 소년사건처리의 전문성을 향상시켰다고 평가되지만, 임의규정으로 검사의 판단에 따라 선택여부가 결정된다는 점에서 그 실효성이 높지 않을 수 있으며, 조사내용과 수준에 대한 표준화된 지침의 마련이 필요하다.

5) 소년원생 조사결과(오영근, 2002)에 의하면, 경찰이 구타와 폭언으로 자백을 강요하는 경우가 많았으며, 검찰조사단계에서도 경찰조사보다는 덜하지만 여전히 폭언이나 협박, 구타도 있는 것으로 조사되었다.

〈표 7-3〉 소년사법절차상 인권침해 내용(국가권익위 및 인권위 결정례)

인권침해 사례	국민권익위 결정례(2010)
청소년 사건에 대한 경찰의 부당한 수사 이의: 2009. 12. 22. 경찰이 중학생(15세)을 보호자에 통지 없이 연행하여 이른바 '일진회' 멤버로 상습공갈 및 협박, 특수절도 혐의로 조사하는 과정에서 폭언하고, "바른대로 말하지 않으면 교도소 간다"고 위협함. 밤 9시 조사를 마칠 때까지 밥도 주지 않고, 늦은 시간 차비도 없이 혼자 돌려보냄.	청소년을 보호자 입회 없이 욕설 등 고압적인 언행으로 조사하고, 늦은 시간까지 식사도 제공하지 않아, 범죄수사규칙, 인권보호를 위한 경찰관 직무규칙, 소년업무처리규칙 등을 위반한 해당자에게 적절한 조치를 취할 것을 시정권고.
인권침해 사례	**국가인권위 결정례**
경찰의 적법절차위반 사례: 2004.8.29. 경찰이 15세 청소년을 절도혐의로 경찰서로 데려가 수사를 진행하면서 보호자에게 통지하지 않았고, "오늘 일은 봐줄테니, 불량학생을 5명 데려와라. 그렇지 않으면 경찰서로 데려간다"고 정보원 역할을 강요함.	청소년사건은 소년업무취급부서에서 전담하도록 조치하고, 청소년의 수사 시 소년경찰직무규칙의 규정이 잘 준수될 수 있도록 교육할 것을 권고
경찰의 적법절차위반 사례: 2005.3.6 경찰서에서 성폭력혐의 피의자로 조사받고 석방된 17세 소년이 다음날 자살. 경찰은 보호자에게 연락하지 않고 연행하였고, 가족은 자살 후 그 사실을 알게 됨.	미성년피의자 조사 시 주의의무의 중요성을 환기시킬 것을 권고하고, 해당 경찰에 대해 주의조치할 것을 권고
보호처분전력과 관련한 사생활자유 침해: 2004.12.27. A모씨는 ○○검찰청 청원경찰 특별채용 시험에 응시하였으나 16세 때 받은 소년보호처분 전력으로 인하여 불합격 처리됨.	공무원 등 임용 시 결격사유확인을 위한 자료조회·회보는 최소범위 내로 하고, 결정 후 5년이 경과한 소년부송치 및 보호처분자료의 회보는 금지되므로, 이에 대한 교육실시를 권고.

자료: www.acrc.go.kr(국민권익위원회 고충민원사례), 국가인권위원회. 아동인권 결정·판례 자료집. 2009.

또한 다이버전[6]의 한 형태인 검사의 선도조건부 기소유예(제49조의3)는 사안이 경미한 소년범에 대하여 사법절차 회부 및 재판의 장기화로 인한 낙

6) 형사제재의 최소화를 뜻하는 것으로 전환조치라고도 함. 유죄판결을 피하여 범죄인의 낙인효과를 방지하고 형사사법제도에 융통성을 부여하여 범죄를 효과적으로 처리할 수 있게 함. 과밀수용 방지 및 교정 효과 극대화 등 합리적인 대안으로 평가됨.(경찰학사전)

인효과를 차단하면서 선도·보호를 통하여 비행예방에 기여할 수 있는 방안으로 평가된다. 그러나 현재 우리나라에서 시행 중인 다양한 형태의 조건부기소유예제도-심리치료, 상담, 사회봉사, 직업훈련 등을 조건부로 한-를 검토한 연구(천정환, 2012)에 의하면, 가장 큰 문제점은 범죄예방위원들의 비전문성으로 인해 실질적 선도효과를 얻기 어렵고, 현 제도가 범죄소년 중심이며 피해자에 대한 회복적사법의 관점이 부족하다는 것이다. 선도유예는 기소나 소년부 송치의 가능성이 있는 소년에게 유리한 처분일 수 있으나, 불리한 상황에서 덜 불리한 것을 선택할 수밖에 없다는 점에서 소년과 보호자 동의의 자발성은 제약된다(오영근, 2002 참고).

한편 소년형사사건 절차에서 가장 문제가 되는 것 중의 하나는 소년의 미결구금이다. 소년법은 구속영장의 제한과 분리수용을 소년구속의 기본원칙으로 하여, 소년에 대한 구속영장을 '부득이한 경우'에만 제한하고, '특별한 사정이 없으면' 다른 피의자나 피고인과 분리하여 수용할 것을 규정하고 있다(제55조). 그러나 '부득이한 경우'의 자의적 해석이 가능하여, 소년사법실무에서는 미결구금이 남용되거나, 형사절차에서 보호절차로 이송되는 과정에서 미결구금이 장기화되고 있다(오영근, 2002; 최병각, 2007; 이춘화, 2009 등). 미결구금은 자유제한의 문제뿐만 아니라, 소년의 교육중단, 구금기간 중의 범죄감염 등으로 기간이 길어질수록 재사회화도 어려워지는 등 그 폐해가 크다. 따라서 구속사유를 명백히 규정하여 제한하는 것이 필요하다(이승현, 2008; 이춘화, 2009 참고).

또한 분리수용의 경우도 '특별한 사정'의 예외를 두고 있어, 경우에 따라 성인과 수용되는 경우도 있는데, 그 부정적 효과를 고려할 때, 성인과의 분리수용을 보다 엄격히 적용할 필요가 있다.

이와 같이 소년사법의 분야에서 아동권리협약을 충실하게 이행하기 위해서는 새로운 입법이나 법해석 내지 법적용이 필요하기도 하고, 더불어 조직의 개혁과 관행의 변화도 요구된다(최병각, 2007).

3) 피해자와 증인으로서 증언하는 아동들

범죄피해아동 및 증인아동에 관한 유엔의 관련지침들(2절의 2)은 아동피해자나 증인이 사법절차에 포함되는 순간부터 무료 법률지원을 포함한 모든 형태의 적절한 원조를 받을 수 있어야 함을 명시하고 있다. 여기에는 무료의 법률지원과 자문, 아동의 이익을 대변할 수 있는 원조자나 법률 대리인 제공 등이 포함된다.

범죄피해아동의 경우, 형사사건의 사법절차에 참여하거나 이 과정에서 정보제공(진술)을 해야 하는데, 이러한 원조수단을 통해 피해아동은 사법절차에 의미 있는 방법으로 참여할 수 있게 된다. 예컨대 학대 및 방임의 피해아동이 아동보호절차에서 정부가 지원하는 무료 법률대리인을 제공받거나, 가정법원 절차에 포함된 아동에 대해 법원이 아동 최상의 이익과 아동의 바람을 대변할 수 있는 변호인이나 옹호자를 지명하는 것 등이다(CRIN, 2012).

아동권리국제네트워크(CRIN:child rights international network)는 아동피해자에 관한 아동친화적 사법실무의 내용을 예시하고 있다. 즉 사회복지사, 경찰관리, 교사, 의사, 간호사, 병원접수원 등 아동피해자를 대하는 사람은 누구나 적절한 훈련을 받아야 한다는 것, 아동이 더 이상의 피해를 받지 않도록 보호조치들이 단계적으로 즉각 취해져야 한다는 것, 공식절차의 진행에 앞서 피해아동이 선택 가능한 대처방안을 논의할 수 있도록 24시간 무료상담전화가 설치되어야 한다는 것 등이다(CRIN, 2011).

이러한 실무지침은 피해아동의 보호와 그 회복을 돕기 위해서는 사법절차의 각 단계마다 세심하고 꼼꼼한 별도의 배려와 준비가 필요하다는 것을 보여준다. 즉 법규정의 마련 못지않게 사법실무현장에서 아동친화적 실천이 중요하다는 것이다.

우리나라 헌법재판소의 결정－성폭력범죄 피해아동이 법정에서 진술하지 않더라도 진술이 담긴 영상녹화물을 증거로 인정하도록 한 '아동·청소년의 성보호에 관한 법률' 조항은 합헌[7]－은 아동친화적 사법체계로의 진일보이다. 그러나 우리 현실의 사법절차는 범죄피해아동의 피해를 증폭시키는 요소가 여전히 많이 남아 있다. 예컨대 경찰 및 검찰조사 과정에서 아동에 대한 이해가 부족하거나 전문인의 참여가 제한적이고, 경찰·검찰·법원에서 아동을 배려한 물리적·정서적 조사환경을 조성하는 데 소홀하다. 이러한 문제는 특히 성폭력 피해아동에게 심각한 2차 피해를 주기도 한다.

● '조두순사건'의 피해아동, 수사과정에서 피해후유증 더욱 커져!

2011년 일명 '조두순사건'의 피해아동(당시 8세)은 성폭력으로 인한 심각한 신체적 상해로 수술 2주 후 검찰청에 출석하였으나, 녹화 전 사전면담, 영상녹화기 미작동 등으로 장시간에 걸쳐 여러 번 진술을 반복함으로써 피해후유증과 정신적 피해가 커졌다.

성폭력사건 전담검사가 아닌 검사가 조사를 하고, 수술로 몸이 불편한 피해자를 불편한 사무용 의자에 앉혀 조사하였으며, 영상녹화장치의 사전점검 부재와 녹화장치의 조작법 미숙으로 2시간에 걸쳐 4차례나 피해사실을 반복하게 하는 등, 아동피해자에 대한 보호가 전혀 이루어지지 않았고 오히려 2차 피해를 유발하였다.

(자료: 백미순 외, 2013에서 발췌)

7) 재판부는 "이 법률 조항은, 성폭력범죄의 피해아동이 법정에 출석해 증언함으로써 입을 수 있는 2차 피해를 방지하기 위해 피고인의 반대신문권 행사를 제한하는 규정으로서 입법목적의 정당성과 수단의 적절성이 인정된다"고 밝혔다(2011헌바108).

다른 한편 아동은 가정, 아동시설이나 학교, 그 밖에 지역사회에서 발생하는 폭력 등 범죄사건의 목격자가 되는 경우가 많다. 아동증인의 경우, 주로 법원판결에 영향을 미칠 증거제공을 위해 증언할 것을 요청받는데, 이러한 요구를 하는 사람은 대부분 변호사보다 검사이다. 이들에게는 증거확보가 중요한 만큼 아동증인을 대변하거나 아동 최상의 이익을 염두에 두지 않을 수 있기 때문에, 독립된 법률지원이 필요할 수 있다. 유엔의 관련지침들(제2절의 2)은 정부가 아동증인의 이익을 보호하기 위해 전문가 지원이나 후견인을 제공할 것을 규정하고 있다(CRIN, 2012).

아동증인의 증언에 관한 아동권리국제네트워크(CRIN)가 예시하는 아동친화적 사법실무의 예는 다음과 같다. 즉 신뢰관계인의 동석 하에 훈련된 전문가가 인터뷰해야 하며, 인터뷰의 수는 최소화할 것, 아동이 가해자와 대면할 것을 강요하지 않아야 하며, 증언의 사전녹음이나 원격 의사소통에 필요한 시청각장비나 CCTV 등을 준비할 것, 아동이 이해할 수 있는 언어로 간단한 질문을 해야 하며, 이들을 시험하거나 혼란스럽게 하는 심문은 피할 것 등이다(CRIN, 2011).

이러한 세심한 배려와 준비 없이 아동증인을 사법절차에 끌어들일 경우, 아동 진의가 왜곡되거나 아동에게 심리적 외상을 줄 수 있다. 아동증인을 고려한 별도의 세부지침이 없는 우리의 상황은 이러한 우려를 현실이 되게 하기도 한다. 증인이 되어야 할 아동이 범죄자의 협박으로 거짓진술을 하거나 심지어 범죄자로 둔갑하는 사례는 더 이상 있어서는 안 될 것이다.

● 8세아 폭행치사 사건, 용의자로 지목된 언니(11세)는 증인이었다!

2013년 8월 경북 칠곡에서 일어난 계모에 의한 아동(8세) 사망사건에서, 당초 경찰은 "인형을 빼앗기기 싫어 동생을 발로 찼다"고 진술한 언니(11세)를 용의자로 지목했고, 언니에게 상해치사혐의를 적용하였다. 그 후 언니는 경찰, 검찰 조사과정, 법원 증언과정에서 자신이 했다고 진술하였다. 경찰과 검찰은 11세 언니의 증언만 믿고 주범이 친언니라고 결론을 내리고, 재판도 그렇게 진행되었다.

그러나 사망아동의 상해는 아주 심한 상태여서, 제대로 수사만 했어도 그 정도의 충격으로는 사망이 불가능함을 확인할 수 있었을 것이었다. 더구나 언니도 그동안 학대받아왔다는 증거가 있음에도 언니를 피해아동으로 조사하지 않았고, 심지어 수사기간 동안에도 계모와 친부가 자기들이 원하는 진술을 하도록 언니를 위협하고 때려서 멍까지 생겼으나 이조차 수사과정에서 간과되었다.

사건 발생 초기에 학대피해자인 언니를 부모와 분리시키고 정신과 치료를 하는 등의 조치를 취했다면, 사건의 피해자이자 증인이 용의자로 법정에 서는 일은 일어나지 않았을 것이다.

출처: 라디오 '한수진의 SBS전망대'(2014.4.7.)에서 요약 발췌

제4절 법과 실무 모두에 투영되어야 할 아동친화적 가치

아동이 사법체계에 연관되는 것은 범죄행위를 저지르는 경우 이외에도 피해자나 증인이 되는 경우이다. 아동범죄자는 성인과 달리 처벌이 아닌 교육과 선도의 대상으로 바라보는 것이 세계적인 추세이지만, 아동범죄가 갈수록 저연령화되고 흉포화되면서 아동의 유책연령을 낮추는 등 그 책임성 강화에 대한 논란이 제기되기도 한다.

그러나 아동이 범죄자이든 피해자나 증인이든 일단 사법체계 내에 들어올 경우, 아동을 다루는 사법체계는 아동 고유의 발달특성과 취약성을 고려하는

'아동친화적인 사법체계(child-friendly justice)'여야 한다. 아동권리협약을 비롯한 관련 국제법이나 지침은 사법체계 내의 아동에 대한 '특별한 보호'를 강조하고 있다.

우리나라의 소년사법체계는 이러한 국제법과 지침에 준거하여 법과 제도를 개선함으로써, 경찰－검찰－법원에 이르는 사법절차의 각 단계에서 이를 충실히 반영하고자 노력해왔다. 특히 이러한 진전은 개정 소년법에서 찾아볼 수 있다. 그러나 관련법들이 현실 속에서 펼쳐지는 구체적인 모습은 그럴싸한 법조항의 구색에 여전히 못 미치고 있다. 현장의 오래된 실무관행과 아동에 대한 이해부족, 전문가의 부재 등으로 인하여, 사법절차과정에 놓여진 아동의 권리는 실종되거나 다양한 방식으로 침해당하기도 한다.

이는 아동친화적 사법체계가 아동친화적인 일부 법조항과 몇 가지 새로운 제도를 누더기처럼 더해가는 방식으로는 달성될 수 없으며, 사법체계 전반의 체질개선을 통해서만 정착될 수 있기 때문이다. 즉 법과 현실의 사법체계 전반에 걸쳐 아동친화적인 가치와 관점이 투영되고 실제로 작동될 수 있어야 할 것이다.

예컨대 아동권리에 관한 법규정이 잘 마련되어 있다 하더라도, 이를 뒷받침하는 실행체계가 갖추어져 있지 않거나 실무현장의 담당자들이 법적 지침을 준수하지 않으면, 법조문은 무력화될 수밖에 없을 것이다. 사법절차에서 소년에 대한 폭행이나 폭언이 여전히 관행으로 남아 있는 것도 대표적인 예이다. 이를 개선하기 위해서는 권리침해행위에 대한 즉각적인 대처와 책임추궁도 중요하지만, 보다 근본적으로는 소년사법의 전문성을 확보하는 것이 필요하다. 소년사법과 무관하고, 순환보직형태로 근무하는 소년사법 업무담당자들에게 전문성과 소년의 선도 및 인권보호에 대한 열정을 기대하기는 어렵다는 지적(이승현, 2008 참고)을 염두에 둘 필요가 있다. 또한 검사의 처분결정전 조사제도나 법원의 판결전 조사제도 같은 새로운 제도의 도입이 형식적인 구색 맞추기에 그치지 않도록 구체적 실행체계와 지침을 마련하는 것이 필요할 것이다.

그러나 무엇보다도 사법체계 내 범죄행위아동을 다룸에 있어서 가장 중요한 것은 이들이 사법체계 내에 머무는 동안 자신의 잘못을 깨닫고 새로운 생활을 다짐해갈 수 있는 실질적이고 효과적인 교화프로그램을 마련하는 것이며, 나아가 이들이 사법체계를 벗어나 사회나 가정에 복귀할 경우, 또다시 방치되어 재범의 나락으로 빠지지 않도록 '안정된 돌아갈 곳'을 마련하는 것이다. 가정이나 사회에서의 보호와 지지 없이 이들이 사회복귀하는 것은 쉽지 않을 것이다.

한편 아동범죄자와는 달리 범죄피해아동에 대해서는 사회적 동정과 보호의 목소리는 높은 반면, 우리나라에서 실제로 이들을 보호하기 위한 법규나 구체적 지침은 불충분하며, 오히려 실제 사법절차의 진행과정에서 2차 피해까지 발생하기도 한다. 또한 증인으로서의 아동의 권리도 법과 제도에서 누락되어 있다. 따라서 피해아동과 증인아동의 권리의 사각지대를 줄여나가는 것도 아동친화적 소년사법의 정착에서 중요한 한 축이 될 것이다.

참고문헌

국가인권위원회 (2009). 아동인권 결정・판례 자료집. 국가인권위원회.

곽금주, 이승진 (2006). 아동 증언에 영향을 주는 요인들. 한국심리학회지. 제25권 제2호: 13-40.

김수환 (2010). 소년사범에 대한 형사조정조건부 선도유예제도 연구: 회복적 사법모델. 연구를 중심으로. 대불대학교 사회과학연구소, 사회과학연구 제1권 제2호:75-99.

대법원 (2013). 사법연감.

박미숙 (2000). 회복적 사법과 소년사법. 형사정책연구소식. 통권 제57호(2000. 1/2월호).

박종선 (2006). 신뢰성 판단을 위한 아동의 진술 분석. 刑事法의 新動向. 통권4호: 93-112.

백미순, 김정혜, 정유석, 최영지 (2013). 성폭력 범죄 피해아동 법률조력인 제도 시행 평가 연구. 법무부.

법무연수원 (2013). 2013 범죄백서.

신현기, 박억종, 안성률 외 6명 (2012). 경찰학사전. 법문사.

안동현 (2014). 사례를 통해 본 우리나라 아동 사법체계의 현실. 2014년 아동권리학회 춘계학술대회 자료집.

오영근 (2002). 소년사법절차상 어린이・청소년 인권보호방안. 국가인권위원회.

오영근, 최병각 (1995). 소년사건 처리절차의 개선방안에 관한 연구, 형사정책연구원.

이승현 (2008). 소년사법과 보호소년의 인권. 법무부 인권옹호자문위원회 토론회. 2008.12.1.

이춘화 (2009). 소년형사사건에서의 미결구금에 관한 고찰. 韓國矯正學會. 矯正研究 제44호:117-143.

장중식 (2008). 소년범죄 처리와 소년법상의 문제점 및 개선방안. 韓國矯正學會, 矯正研究. 제41호:141-162.

조복전 (2002), 소년사법의 역사와 철학적 고찰. 소년보호연구. 제4호.

천정환 (2012). 소년범죄에 대한 조건부기소유예제도의 문제점. 한국인권사회복지학회. 인권복지연구 제12호.:1-21.
최병각 (2007). 아동권리협약과 소년사법. 국가인권위원회.
최인섭 (2011). 최근의 소년범죄의 추세 및 대응과 관련하여. 범죄방지포럼. 한국범죄방지재단.
Council of Europe (2011). Guidelines of the Committee of Ministers of the Council of Europe on child-friendly justice.
CRIN(child rights information network) (2011). Child-Friendly Justice and Children's Rights.
______ (2012). Legal Assistance Toolkit for Children and Children's Rights Organizations.
http://www.acrc.go.kr(국민권익위원회)
http://www.humanrights.go.kr(국가인권위원회)
http://www.scourt.go.kr(대법원)
http:/www.ioj.go.kr(법무연수원)
http:/www.moleg.go.kr(법제처)

제8장 학교 밖 아동

정규 교육과정에 참여하고 있지 않는 청소년을 일컫는 용어는 학업중퇴청소년, 학업중단청소년, 학교밖 청소년 등 다양하다. 이 용어 중에서 학업중퇴 혹은 중도탈락이라는 용어는 중도탈락의 귀책사유를 학생 개인에게 두는 반면에 학업중단이라는 용어는 학교 이외의 다양한 교육프로그램을 선택할 학생의 권리를 내포하고 있고(이병환, 2002) 최근에는 비일탈적 성향의 청소년들이 자발적으로 정규 교육과정 참여를 거부하는 학생들도 증가하고 있다는 점(김민, 2001)에서 학업중단이라는 용어가 널리 사용되고 있다. 2002년부터 교육부가 공식적으로 '학업중단 청소년'이라는 용어를 사용하고 있으며, 2003년에 개정된 '청소년기본법'에서도 '학업중단'을 공식 용어로 규정한 바 있다(이현주, 김용남, 2012). 그러나 이 장에서는 학업중단 청소년이라는 용어 대신 정규 교육과정에 참여하고 있지 않은 청소년의 현실을 반영하기 위하여 '학교 밖 청소년'이라는 용어를 사용하고자 한다.

제1절 학교를 떠난 청소년

1) 정규 교육과정 학생이 아닌 청소년

아동복지법과 유엔아동권리협약(이하 협약이라 칭함)은 18세 미만을 아동으로 규정하고 있지만 본 장에서 다루고자 하는 학교 밖 아동의 주 연령층은 고등학생 시기이기 때문에 학교 밖 아동과 관련된 각종 용어에는 '청소년'이 광범위하게 사용되고 있다. 그러므로 본 장에서는 기존의 흐름에 맞추어 이들을 청소년으로 지칭하고자 한다. 학교를 떠난 청소년들은 여러 가지 형태로 학업을 지속하고 있는데, 각종 자료는 학업중단 청소년의 약 2/3정도가 다양한 형태로 학업을 계속 이어가겠다는 계획을 가지고 있음을 보여준다(윤철경 · 유성렬 · 김신영 · 임지연, 2013). 실제로 학교를 떠난 중학생의 50%와 고등학생의 17%가 학교로 복귀하고(국회 내부자료, 2013) 방송통신고등학교나 대안학교 등과 같은 교육기관에서 학업을 계속하거나(한국교육개발원 내부자료, 2013) 매년 3만 명 이상의 청소년들이 검정고시를 통해 학업을 계속하고 있음을 보여준다(임승택, 2009). 또한 2012년 11월부터 시행되고 있는 서울특별시 '어린이 · 청소년 인권조례안'에서는 정규 교육과정에 참여하고 있지 않은 청소년을 '학교 밖 청소년'으로 명명하고 있어 점차 학교 밖 청소년이라는 용어도 공식적으로 사용되고 있음을 알 수 있다.

최근 10년간의 추세를 살펴보면, 학교를 떠나는 청소년의 비율은 고등학생의 경우 전체 재적학생의 2% 내외, 중학생의 경우 0.8% 내외, 초등학생의 경우 0.6% 내외에 있다. 2010년까지는 고등학생은 학교를 떠나는 비율이 정체되어 있으나 중학생과 초등학생은 소폭 감소하며, 2011년 이후에는 학교를 떠나는 고등학생의 비율은 매년 0.1%p 감소하는 것으로 나타났다(한국교육개발원 교육통계연구센터, 2013). 전체 교급을 볼 때 매년 학교를 떠나는 청소년들은 재적학생인구의 1~2% 정도이고, 이들 중에서 학교로 복귀하는 수까지 고려하면 학교 밖 청소년의 규모가 사회에 차지하는 비중은 크지 않을 수 있다. 실제 우리나라의 학업중단율은 미국의 7.4%(2010년)나 독일의 6.5%(2010년)에 비해 낮은 수준을 보이고 있기도 하다(교육부·여성가족부 보도자료, 2013. 11. 28). 그러나 학교에 복귀한 후 다시 학교를 떠나거나 어떠한 교육기관에도 속하지 않은 채 매년 새롭게 발생하는 학교 밖 청소년과 함께 누적되고 있는 이들의 규모를 생각해 볼 때, 이들의 권리에 관심을 가질 필요가 있다.

2) 학교를 떠난 청소년의 적응과 어려움

학교 밖 청소년의 권리에 앞서, 학교 밖 청소년에 대한 정확한 규모나 이들이 학교 밖에서 어떠한 경로를 통해 적응해 나가고 있는지에 대한 조사나 연구조차 충분하지 않은 상황이다. 이숙영, 남상인, 이재규(1997)가 학교 밖 청소년의 유형을 크게 적응형과 부적응형으로 나눈 후 추후 연구에서는 범주의 명칭을 달리하거나 범주의 가짓수를 늘리는 등의 변화가 있었는데, 원래의 분류와 해당되는 학교 밖 청소년의 적응 유형을 살펴보면 아래의 〈표 8-1〉과 같다. 적응형에 비해 부적응형 유형에 해당하는 학교 밖 청소년은 청소년기 과업 수행이나 성인기 이행에 어려움이 많을 것으로 예상된다. 윤철경 외(2013)의 연구는 부적응형 중 '보호 및 관리체계에 소속되지 않은 청소년'의 규모를 추산하였는데, 이 연구에 따르면 2013년 현재 학령기 인구 713만 명에서 초·중·고에 재학 중인 672만 명을 제외하면 41만 명이 학교 밖에 있다고 한다. 이 중에서 1) 특수학교·대안학교·방송통신고 등에 다니거나 장기입원 중인 청소년[1] 8만 명, 2) 해외유학생 3만 명, 3) 소년원·소년교도소에 수감되어 있거나 보호관찰 중인 청소년 2만 명을 제외하면, 나머지 28만 명[2]의 학교 밖 청소년은 어디에서 무엇을 하는지 파악이 되고 있지 않은 상태라 할 수 있다.

〈표 8-1〉 **학교 밖 청소년의 적응 유형**

적응형	진학형	예: 복교, 검정고시, 대안학교
	취업형	예: 교육훈련 후 취업
	취업준비형	예: 사설 기술학원, 직업훈련원
부적응형	보호 및 관리체제에 소속된 청소년	예: 소년원, 보호관찰, 요양
	보호 및 관리체제에 소속되지 않은 청소년	예: 방치된 비행청소년, 유흥업소 취업 청소년, 가출 청소년, 방치된 정신질환 청소년

출처: 이숙영, 남상인, 이재규(1997). 중도탈락학생의 사회적응 상담정책 개발연구. 서울: 청소년대화의 광장.

여러 연구에 의하면 학교 밖 청소년의 80%는 자발적으로 학교를 떠난 것으로 알려져 있다(예: 오혜영, 박현진, 공윤정, 김범구, 2013). 그렇다면 청소년들은 어떤 이유로 학교를 떠나겠다는 결정을 내리는 것일까? 학교 밖 청소년을 대상으로 진행된 기존의 연구들은 그 이유를 크게 개인의 심리사회적 요인, 가족 요인, 학교 요인으로 나누고 있다. 우선 개인의 심리사회적 요인으로는 우울이나 불안 등의 정서적 문제(구본용, 신현숙, 유제민, 2002), 학업

1) 초등학생 연령의 아동도 포함되지만, 초등학생이 학교를 떠나는 비율이 중학생이나 고등학생에 비해 낮기 때문에 여기에서는 편의상 '청소년'으로 명명하고자 한다.

2) 28만 명에는 적응형 중 검정고시, 취업, 사설학원에 재학 중인 학교 밖 청소년도 포함된다.

능력과 학습동기의 부족(금명자, 2008; 오혜영 외, 2013; 최동선, 이상준, 2009), 약물 및 성문제를 포함한 비행문제(금명자, 2008) 등이 있다. 가족 요인으로는 가족의 경제적·구조적 결핍이나 가족의 정서적 지지 부족, 가족 간 갈등 등의 다양한 가족문제(최동선, 이상준, 2009)가 해당된다. 학교 요인으로는 또래관계에서의 피해경험이나 지속적인 관계의 어려움(구자경, 2003), 교사와의 갈등을 포함한 학교 부적응(구자경, 2003; 최동선, 이상준, 2009) 등이 알려져 있다.

이러한 요인들은 학교에 대한 관심 저하, 가출이나 장기 결석과 같은 학교생활의 일시적 중단, 반복적인 제적 및 복학으로 이어지게 되며, 이러한 경험의 누적은 학교를 떠나는 결정을 내리는 데 작용하게 된다. 즉 학교를 떠나겠다는 결정은 순간적인 판단에 의한 것이 아니라 청소년을 적절하게 지원하지 못하고 있는 가정환경, 낮은 학업성취수준, 학교 부적응 등이 장기간에 걸쳐 누적된 결과라 할 수 있다(최동선, 이상준, 2009). 한편 오혜영 외(2013)의 연구는 "검정고시를 하려고"와 "자신의 특기, 소질을 살리려고" 등의 대안교육 선호가 학교를 떠나는 이유의 20%를 차지하고 있다고 밝혔는데, 다양한 교육과정에 대한 욕구도 이들이 학교를 떠나는 결정을 내리는 데 작용하고 있음을 알 수 있다. "내가 배우고 싶은 것...(중략)...고3 수능이 끝난 뒤 하면 너무 늦을 거라고 생각했고 조금이라도 빨리 배워"야 될 것 같아 학교를 떠났다는 청소년의 인터뷰 내용(이민경, 2010)도 학교를 떠나는 이유의 스펙트럼이 점차 넓어지고 있음을 보여준다.

그러나 학교 밖 청소년 중 "원하는 분야에서 전문성을 키우고 싶고", "검정고시로 졸업장을 빨리 얻고 싶다는" 등 학교를 떠나면서 계획했던 원래의 목표를 성취한 경우는 약 35%에도 미치지 못하는 것으로 나타났다(김영희, 최보영, 이인회, 2013). 이는 학교 밖 청소년들이 학교를 떠나기로 결정하는 데 작용하였던 부정적인 요인들이 학교를 떠난 이후에도 지속적으로 영향력을 미치고 있기 때문인데, 이들은 학교 밖에서도 여전히 비행문제, 가족 갈등, 대인관계의 어려움 등을 경험하고 있었다(오혜영, 지승희, 박현진, 2011). 오혜영 외(2013)의 연구는 기존 연구결과(예: 권해수, 서정아, 정찬석, 2007; 박현선, 2004; 성윤숙, 2005; 오혜영 외, 2011; 주영신, 2007)를 바탕으로 청소년들이 학교를 떠난 후에 경험하는 어려움을 다음과 같이 요약하고 있다. 첫째, 학교 밖 청소년은 규칙적인 학교생활을 벗어남에 따라 주로 낮시간 동안 컴퓨터만 하거나 노래방, PC방 등에서 시간을 보내며 불규칙하고 무의미한 생활을 하였다. 둘째, 학교를 떠난 후에 문제행동이 악화되는 경우도 있었는데, 남자청소년들의 경우는 절도와 같은 비행에 쉽게 노출되는 것으로 나타났다. 셋째, 가족 및 친구관계에서 어려움을 경험하였으며, 타인의 부정적인 시선을 의식해 사람들을 회피하면서 점점 사람들을 만나는 것을 꺼려하는 것으로 나타났다. 넷째, 앞으로 어떻게 살아야 할지 막막해하며 미래에 대한 불안감을 느끼고, 일부는 학교졸업장에 대한 가치를 크게 느끼며 학업중단에 대해 후회하기도 하였다.

최근에는 학교 밖 청소년에 대한 연구결과에 기초한 정책적 개입도 활발하게 이루어지고 있다(예: 학업중단숙려제). 그러나 청소년이 학교를 떠나는 결정을 내리지 않도록 상담 활동 등을 통해 지지하거나 학교를 이미 떠난 청소년들이 진로를 찾을 수 있도록 지원하는 서비스가 주를 이루고 있어, 서비스 객체로서의 학교 밖 청소년에 초점을 맞추고 있다는 한계를 보인다. 협약을 이행하려는 국가적 차원의 노력과 함께 지방자치단체의 학생인권조례 및 어린이·청소년 인권조례의 제정 및 실시는 아동 및 청소년의 권리에 대한 관심이 어느 때보다 높아졌음을 보여준다. 그러나 학교를 벗어난 청소년의 권리에 대한 관심은 상대적으로 미비하였다 할 수 있다. 본 장에서는 학교 밖 청소년의 권리 수준에 대해 살펴보고자 하며, 이를 위해 기존의 연구에서 수집된 내용을 청소년의 권리 영역에 맞추어 재구성하였다. 학교 밖 청소년을 대상으로 한 기존의 연구들은 적응유형에 따라 생활영역이 다양할 뿐만 아니라 쉽게 파악되지 않는 이들의 특성으로 인해 질적연구로 진행된 경우가 많아, 청소년의 경험과 생각을 다룬 직접적인 자료를 풍부하게 제공하고 있다.

제2절 학교 밖 청소년이 경험하는 권리의 침해

1) 최소 기준에 미치지 못하는 생활을 하는 학교 밖 청소년

● 아동권리협약 제27조 생활 수준

모든 아동은 자신의 신체적, 지적, 정신적, 도덕적 및 사회적 발달에 적합한 생활수준을 누릴 권리를 갖는다. 부모는 아동에게 적합한 생활수준을 보장해 줄 일차적인 책임이 있다. 국가는 부모가 이 책임을 완수할 수 있도록 보장할 의무가 있다. 부모와 그들 자녀들에게 물질적인 지원을 하는 것 또한 국가의 책임이다.

학업을 계속하는 것을 원하지 않는 청소년들의 약 89%는 아르바이트를 경험해본 적이 있는 것으로 보고되고 있는데, 이들은 대부분 전단지 배부, 음식점, 주유소, PC방 등 단순한 업종에서 평균 시급 3,997원을 받으면서 일하고 있다(고용노동부, 2009). 이는 조사가 진행된 당시의 시간당 최저임금보다 약

900원 낮은 액수이다. 중산층 청소년이 자발적으로 학교를 떠나는 경우가 늘어나면서 학교 밖 청소년 집단에서 저소득층 청소년이 차지하는 비중은 낮아지고 있지만, 여전히 가족의 구조적·경제적 특성과 이로 인한 청소년의 심리사회적 적응수준이 이들이 학교를 떠나는 결정을 내리는 데 작용하고 있다는 점을 고려하면 학교를 떠난 후 이들의 수입은 청소년 자신뿐만 아니라 가족의 생활비로 충당될 가능성이 크다. 다음의 인터뷰 내용은 이들의 아르바이트 수입이 적절한 생활수준을 누리는 데 부족할 수밖에 없는 상황을 보여준다.

● 적절한 생활수준을 누리지 못하는 학교 밖 청소년

여기를 나와서 월급을 받는데, 일단 그 월급 받아서 저만 쓰는 게 아니라 아빠한테 2/3을 갖다 주고 1/3은 제가 쓰거든요. 그러니까 일단 저도 집에서는 엄마 역할도 해야 되고, 아내 역할도 해야 되고, 언니 역할도 해야 되잖아요. 일단 아빠 혼자 벌어서 집세 내는 게 아니라 저도 이걸 해서 돈을 내야 되는 거니까……지금은 그런 책임감이 생긴 것 같아요.

정해숙 외(2011)의 인터뷰 전사자료에서 발췌.

또한 이들은 학생이라는 신분을 벗어난 후 일상생활의 변화 혹은 근간의 흔들림을 경험한다. 학교 밖 청소년의 실태를 조사한 연구들은 정규 교육과정을 떠난 대부분의 청소년은 규칙적인 생활을 하지 못하고 낮밤을 바꾸어 살거나 TV나 컴퓨터 오락에 많은 시간을 보내고 끼니를 거르거나 영양분이 불충분한 식사를 하는 등의 불규칙한 생활을 한다고 보고하고 있다(오혜영 외, 2011; 주영신, 2007). 학교의 규제에서 벗어났다는 해방감과 함께 이들을 지원, 지도, 감독하는 체계의 부재는 학교 밖 청소년들이 학교를 그만두기 이전부터 경험하였던 불규칙한 생활을 강화하는 역할을 하고 있는 것이다.

학교 밖 청소년들이 경험하는 생존권의 침해는 불규칙한 생활뿐만 아니라 불안정한 주거에서도 나타나는데, 앞서 언급하였듯이 이들의 생활 경로가 다양하다는 점을 고려할 때 불안정한 주거는 학교 밖 청소년 중에서도 주로 가출 청소년에게서 발견되는 현상이다. 정해숙, 오은진, 최자은(2011)의 연구는 화장실, 공원 등에서 잠자며 거리생활을 하는 여성 청소년들에게 일방적이고 경직된 규율의 쉼터는 쉴 곳이 될 수 없었음을 보여준다.

2) 차별받고 위협받는 학교 밖 청소년

- 아동권리협약 제32조 아동 노동

아동은 건강이나 교육 및 발달에 위협이 되는 노동으로부터 보호받을 권리가 있으며, 국가는 최저한의 고용연령을 정하여야 하고 노동 현장을 감독하여야 한다.

학생이라는 신분을 벗어난 학교 밖 청소년들은 학생이 아니라는 이유로 차별받고, 성인이 아니라는 이유로 과도한 노동을 해야 하는 동시에 유해한 환경에 쉽게 노출되고 있었다. 학교 밖 청소년이 인식하는 차별로 대부분의 연구에서 공통적으로 보고하고 있는 것은 이들이 낮 시간에 교복을 입지 않고 밖을 다니거나 대중교통을 이용하는 것에 대한 주변의 시선이었다. 또한 이들은 잠재적인 범죄 집단 취급을 받기도 하는데 다음 인터뷰 내용은 그중 한 예를 보여준다.

● 잠재적 범죄자 취급을 받는 학교 밖 청소년

일하다 보면 돈이 빌 때가 많아요. 그러면 그냥 메워 놓으면 돼요. 기분 좋게 넣을 수도 있어요. 내가 뭐 실수했나 보다 하고. 아니면 그 타임에 일을 같이 하는 사람이 있거나 전 타임시간에 마감을 안 해 놓고 갔으면 제 타임이랑 전 타임이랑 섞이면 돈이 언제 빈지 몰라요. 그럼 저한테 넘어오죠. 학교 안 다니는 애들이 몇 명 있잖아요. 주유소에는 많잖아요. 주유소 같은 경우에는 주로 남자들한테 돈 빈다고 그러는 편이고요. 다른 곳에 가면 돈 가져간 거 아니냐. 학교를 그만둔 사람이 저밖에 없으니까. 그런 거 있어요, 진짜.

대안학교 학생: 서정아, 권해수, 정찬석(2006)의 인터뷰 전사자료에서 발췌

학교 밖 청소년에 대한 차별은 지역주민, 고용주, 직장동료로부터의 의심스러운 눈초리를 넘어 국가적 차원에서의 차별로 이어지기도 한다. 예를 들어, 학교 밖 청소년으로 인한 사회적 손실을 강조한 신문기사(예: 김수혜, 2013. 08. 09)는 학교 밖 청소년의 낮은 취업지위(예: 저임금 단순직, 무노동)에 따른 세수 감소와 이들이 일으키는 범죄로 인한 사회적 비용을 고려할 때 청소년 한 명당 645만 원의 손실이 있음을 보여주면서 이들에 대한 개입을 촉구하기도 하였으며, 학교 밖 청소년의 정보를 데이터베이스화하는 시도도 제안된 바 있다.

차별이 학교 밖 청소년이 경험하는 심리사회적인 불편함을 설명한다면, 과도한 노동과 유해환경은 이들이 노출되어 있는 실제적 생활의 위협을 보여준다. 앞서 언급하였듯이, 가출을 경험하는 대부분의 청소년은 동일 노동을 하는 다른 근로자에 비해 낮은 급여를 받고 일하고 있으며 이로 인해 노동시간도 긴 편으로 나타났다. 근로기준법에 의하면 18세 미만의 청소년은 하루에 7시간, 1주일에 40시간을 초과하여 일할 수 없지만 전경숙(2006)의 연구에

참여한 대부분의 학교 밖 청소년은 이를 상당히 초과하여 노동을 하고 있었다. 이들의 노동시간은 법이 규정한 최대 노동시간에 비해 길 뿐만 아니라 연소자가 근무하기에는 무리가 있는 시간대에 위치하고 있는데, 절반 정도를 차지하고 있는 낮 시간대를 제외하면 대부분 주야교대, 저녁근무, 24시간 근무를 하고 있는 것으로 나타났다(전경숙, 2006).

안정된 근로조건이나 임금을 누리지 못하는 학교 밖 청소년들은 쉽게 큰돈을 벌 수 있는 직종인 유흥업소나 안마시술소 근무에 대한 유혹을 떨치지 못할 가능성이 크다. 전경숙(2006)의 연구는 청소년의 성별에 따른 근무처의 차이를 보여주는데, 여자 청소년들은 노래방 도우미, 티켓다방, 유흥업소, 서빙, 배달 등의 일을 하는 경우가 많았다. 이는 위험도가 높고 육체노동을 많이 쓰는 또래 남자 청소년에 비해 여자 청소년들이 선택할 수 있는 일의 종류가 적고 임금에서도 많은 차이가 있기 때문에 쉽게 많은 돈을 벌 수 있는 성산업으로의 유입이 일어났음을 보여준다(정해숙 외, 2011).

3) 잠재능력을 키울 기회가 주어지지 않는 학교 밖 청소년

● 아동권리협약 제28조 교육

아동은 교육받을 권리를 가지며, 국가는 기본적인 교육이 무상으로 의무적으로 실시될 수 있게 보장하며, 모든 아동이 다양한 형태의 중등교육과, 또한 능력에 따라 고등교육을 받을 수 있도록 권장할 의무가 있다. 학교에서의 훈육은 아동의 권리와 존엄성에 적합하게 이루어져야 한다. 국가는 이 권리를 이행하기 위하여 국제적으로 협력하여야 한다.

정규 교육과정을 떠난 청소년의 절반 내지 2/3 이상이 학업을 계속할 의사가 있는 것으로 보고되고 있는데, 학교를 떠난 청소년들이 학업을 지속하는 방법으로는 크게 1) 복교, 2) 대안학교, 3) 검정고시가 있지만 이 세 가지 방법 모두 현 상황에서는 이들의 학업을 지원하기에 부족함이 있다.

우선 학교 밖 청소년의 복교는 다음과 같은 점에서 이들이 학업을 지속하는 방편으로 고려하기에는 한계를 가진다. 교육부는 '학교중도탈락자 예방 종합대책'에서 복교를 희망하는 청소들에게 연중 수시로 희망학교에 복교할 수 있는 제도적 장치를 마련한 바 있다. 그러나 실제 학교에서는 타학교 출신 복학생의 재입학을 꺼리는 경우가 많으며, 학교를 떠난 중학생의 50%와 고등학생의 17%가 학교로 복귀하지만(국회 내부자료, 2013) 복교한 청소년들의 20%는 학교생활에 적응하지 못하고 다시 학교를 떠나는 것으로 나타났다(교육부, 1996). 복교한 청소년과 복교 후에 다시 학교를 떠난 청소년의 다음 인터뷰 내용은 학교에 적응할 때 교사의 차별이나 학업문제를 경험하고 있음을 보여준다.

● 복교한 청소년이 경험한 교사의 차별과 학교적응의 어려움

처음에 다니던 학교에 그대로 복학해서 그동안 절 많이 지켜본 선생님들이기 때문에 '넌 못 버틸 거야', '넌 안 돼', 이런 말을 해서 오기로 버텼던 것 같아요.

학교를 다시 다니고 싶어서 다시 다녀보려고 복학을 했는데, …(중략)…그래도 애들하고는 금방 친해져서 잘 어울렸는데. 공부가 그렇게 재미있어서 간 것도 아니고 만날 그냥 학교에 시간만 때우러 가는 것 같고, 공부를 하고 싶어도 뭔 말인지 모르니까……아침마다 일어나는 것도 습관이 안 돼 있어서 만날 지각하다 보면 그냥 학교 빠져버리고 그래서. 아예 검정고시를 볼 생각으로 그만뒀어요.

정해숙 외(2011)의 인터뷰 전사자료에서 발췌

복교는 임신과 출산을 경험한 여자 청소년에게는 학업을 지속하기 위한 대안으로 고려되기 더욱 힘든 상황이다. 이들의 경우 미혼모임이 밝혀지면 자퇴를 권고받는 경우가 있어 학업중단을 미연에 방지하기 위하여 임신한 여성 청소년을 대상으로 대안 위탁교육이 실시되고 있기도 하다. 그러나 대안 위탁교육에 입학하기 위해서는 같은 지역의 중·고교에 재학 중이어야 한다는 조건이 있어, 임신 사실이 밝혀진 후에 자의 혹은 타의에 의해 학업을 중단하는 대부분의 여자 청소년들은 입학자격이 충족되지 않아 대안 위탁교육의 이용률은 저조한 실정이다(주선영, 2013. 09. 10.).

대안학교는 기존의 교육체계로 충족될 수 없는 청소년들의 다양한 욕구를 반영할 뿐만 아니라 학교를 떠난 청소년들에게 계속적으로 교육기회를 제공하고 있다. 현재 전국에 있는 약 200개의 대안학교 중 절반 정도가 '부적응학생 교육'의 교육목적을 가지고 있다. 학교를 떠난 여자 청소년들을 연구한 정해숙 외(2011)의 연구는 대안교육을 통한 학업 참여는 정보력, 의사결정능력, 실천능력 등이 청소년에게 갖춰져 있는 경우에만 가능하고, 이러한 능력은 어렸을 때부터 문화적·경제적 자본을 지속적으로 투입받아야 형성된다는 점을 지적한다. 가령 최근 교육부에서 발표한 '2014년 미인가 대안교육시설 현황조사'에 의하면 대안학교 유형 중 부적응학생의 교육이라는 목적으로 운영되는 대안학교의 연간부담금(입학금, 수업료, 기숙사비, 급식비 포함)이 500만원 이상인 곳이 30%가 넘어 가족의 구조적·경제적 특성이 취약한 대부분의 학교 밖 청소년들에게 대안이 될 수 없음을 알 수 있다.

검정고시는 복교나 학력인정 대안학교(전체 대안학교의 15% 미만)를 선택하는 청소년 이외의 모든 학교 밖 청소년들이 자신의 단절된 학력을 보완할 수 있는 방법이다. 그러나 검정고시를 준비하는 데 있어서도 이들이 경험하는 어려움에서는 차이가 나타나는데, 문화적 · 경제적 자본이 축적된 청소년들은 비교적 전문적인 검정고시 가이드를 받을 수 있는 대안학교에 다니며 이를 바탕으로 상급학교로의 진학까지 계획하고 있지만(정해숙 외, 2011), 그렇지 않은 청소년들은 장기간의 학업손실을 경험하고 성공경험도 거의 없이 검정고시 노력을 지속하기 힘든 것으로 나타났다(최동선 · 이상준, 2009).

학업뿐만 아니라 청소년기에 누리는 문화생활도 이들이 잠재능력을 개발하는 데 필수적인 요소라 할 수 있다. 그러나 학교 밖 청소년들은 학생이 아니라는 이유로 학생들이 누리는 각종 문화 관련 혜택을 누리고 있지 못하다. 학생이 아닌 청소년들에게도 상응하는 할인과 우대를 제공하기 위해 만들어진 증명카드인 '청소년증'은 청소년복지지원법에 의거하여 9세 이상 18세 이하의 청소년에게 발급되고 있다. 그러나 청소년증에 대한 실태조사 결과, 우대제도에 대한 청소년들의 욕구는 약 97%로 매우 높지만 청소년증에 대한 인지도는 약 11%로 낮은 것으로 나타났다. 특히 학교 밖 청소년의 청소년증 보유율은 약 11%로 이는 청소년증에 대한 정보부족과 청소년증을 통한 할인영역과 할인율의 부족 등으로 설명된다(김경준, 최인재, 2009). 아래의 인터뷰 내용은 대안학교 학생증이 청소년의 신분증으로 통용되지 않는 현실을 보여주지만, 한편으로는 이들이 대안학교 학생증이 아닌 청소년증을 사용했다 하더라도 사회의 편견은 달라지지 않으리라는 점을 보여준다. 실제로 학교 밖 청소년을 대상으로 진행된 몇몇 연구는 청소년증으로 대중교통비 할인을 받을 수 있지만 청소년증을 단말기에 태그할 때 나오는 '청소년입니다'라는 안내음과 함께 느껴지는 따가운 시선 때문에 청소년증을 이용하지 않는 사례를 소개하고 있다.

● 정규학교의 학생증이 없는 청소년이 경험하는 차별

영화 보러가도 두 명은 학생증이 있고 한 명은 학생증이 없으면 학생증 가지고 있는 사람만 할인해줘요. 그리고 그것도 저희학교 학생증(대안학교) 내밀면 여기가 어디냐고 이런 학교도 있냐고 그러고요. 여기 다니는 친구 하나는 통장을 만들러 갔는데 싸웠어요. 우리학교 학생증 가지고는 안 된다고 그래서 싸워서 울고, 학교 선생님한테 전화하고 그랬어요.

대안학교 학생: 서정아 외(2006)의 인터뷰 전사자료에서 발췌.

마지막으로, 학교 밖 청소년들이 자신에게 있는 잠재능력을 개발하기 위해 필수적인 권리로 정보를 얻을 권리를 들 수 있다. 학교 밖 청소년들은 검정고시 준비, 취업알선, 경제적인 도움들을 받고 싶은 욕구는 있었지만 어느 곳에 도움을 요청해야 할지를 모르거나 도움을 구하기 싫어서 도움을 요청한 적이 없는 것으로 나타났다(남미애, 2006; 서정아, 권해수, 2010). 학교 밖 청소년을 대상으로 한 인터뷰 연구는 대안학교나 직업전문학교를 통해 학업을 계속하고 있는 청소년들은 교육기관, 사회서비스기관, 혹은 주변 성인을 통해서 이들 기관에 대한 정보를 얻기보다는 우연히 인터넷 검색을 하다가 알아내거나 친구들의 소개를 통해 알아냈음을 보여준다. 학교 밖 청소년의 생활실태와 욕구를 분석한 김영희, 최보영, 이인회(2013)의 연구는 학교 밖 청소년의 30% 이상은 학교를 떠날 당시에는 1) 원하는 분야에서 전문성을 키우고, 2) 검정고시로 빨리 졸업장을 따거나, 3) 돈을 많이 벌고, 4) 원하는 분야의 기술을 배워 사회에 빨리 진출하고 싶다는 욕구가 있으나, 65%가 원래의 목표를 성취하지 못하였음을 보여준다. 그리고 이들은 '관련 정보가 부족'하거나 '이끌어주는 사람의 부재'가 목표를 성취하지 못하는 이유의 40% 이상을 차지한다고 꼽았다.

4) 침묵을 강요받는 학교 밖 청소년

● 아동권리협약 제12조 아동의 의견

아동은 자신의 의견을 자유롭게 표현할 권리가 있으며, 아동에게 영향을 주는 어떠한 사건이나 절차에서도 아동의 의견이 고려되어야 한다.

● 아동권리협약 제15조 결사의 자유

아동은 다른 사람들을 만나고, 평화적인 모임에 가담하거나 모임을 구성할 권리를 갖는다.

청소년의 참여권은 청소년의 기본적인 권리 중에서도 우리나라의 청소년이 가장 많이 침해받는 권리이다. 학생신분이 아닌 학교 밖 청소년의 참여권은 학생인 청소년에 비해 더욱 심각하게 침해받고 있으리라 예측할 수 있으나, 국가적 차원에서의 연구나 실태조사에서 규정하고 있는 청소년은 학생이라는 등식을 따르고 있어 학교 밖 청소년의 참여권에 대해서는 조사된 바가 없다고 할 수 있다. 가령 국제기준 대비 한국 아동·청소년의 인권수준을 비교한 연구(모상형, 김영지, 2010)는 우리나라 아동·청소년의 참여권 수준을 살펴보기 위하여 학교 규칙 및 규정의 제·개정이나 교육활동(예: 특별활동, 방과후 교실 선택) 등의 결정과정에서 청소년의 참여수준을 조사하였다. 그러나 조사하는 영역이 학교에 한정되어 있으며, 이 연구의 설문조사 참여자는 초등학생과 중·고등학생으로 '학생'에 한정되어 있다.

청소년이 자신의 의견을 적극적으로 개진할 수 있는 통로인 청소년위원회도 지원자격이 학교에 재학 중인 학생으로 제한되어 있다. 청소년수련관에서 조직·운영되는 청소년위원회의 지원자격은 주로 '관내 중·고등학생'이나 '중학교 1학년~고등학교 2학년'으로 명시되어 있는 경우가 많으며, 지원자격이 명시되어 있지 않은 경우라고 하더라도 온라인에서 확인할 수 있는 위원회의 명단은 청소년위원회는 현재 학교에 재학 중인 학생들로만 구성되어 있음을 보여준다. 청소년활동을 제공하는 대표적인 기관인 청소년수련관에서조차 학교 밖 청소년의 참여권은 인정받지 못하고 있으며, 심지어 동아리 지원활동이나 자원봉사활동도 관내 중·고등학생으로 한정되어 있어 학교 밖 청소년들에게는 일방적인 서비스 수혜자로서의 자격도 부여되지 않고 있음을 알 수 있다.

청소년의 참여권에는 청소년이 자신의 의견을 표현하고 자신의 삶에 영향을 주는 문제들에 대해 발언할 수 있는 권리도 포함된다. 그러나 일부 학교 밖 청소년은 학교를 떠나는 결정을 내리는 순간에 자신의 의견을 표현하지도 못하고 학교를 떠나는 선택을 내릴 수밖에 없어 이들의 참여권이 심각하게 침해받고 있음을 알 수 있다. 아래의 인터뷰 내용은 교사와 부모의 결정에 의해 학교를 떠날 수밖에 없었던 청소년의 사연을 소개한다.

• 학교를 떠나는 결정마저 스스로 내리지 못한 청소년

저는요, 학교 가기 싫으면 안 갔다가요. 부모님하고 같이 가서 잘못했다고 하고 그다음 한 3일 동안은 아침 7시까지 가서 친구들하고 잘 지내고 그랬는데 3일이 지나니까 선생님이 자퇴서를 그냥 집으로 보내버렸더라구요. 그래서 아빠가 그냥 써서 냈다고 하더라구요.

직업전문학교 학생: 서정아 외(2006)의 인터뷰 전사자료에서 발췌.

자퇴서 제출 후 2주간의 상담기간을 거쳐 학업중단 여부를 결정내리는 '학업중단숙려제'가 2012년도부터 전국적으로 시행되고 난 이후에는 위와 같은 상황이 발생할 가능성은 매우 낮아졌을 것이다. 그러나 전체 자퇴서 제출자 중 학업중단 숙려제에 참여한 학생의 비율이 40%에 미치지 못할 뿐만 아니라 참여하더라도 전문가 상담을 받지 않고 2주를 보내는 학생도 많아서 학업중단 숙려제를 통한 청소년 의견의 개진이 어느 정도 가능할지는 확신할 수 없는 상황이다.

제3절 학교 밖 청소년의 권리를 위하여

1) 상담 위주 서비스의 탈피

학교 밖 청소년을 위한 제도적 개입은 다양한 차원에서 전개되고 있다. 여성가족부에서는 청소년기본법에 관련 법령을 제정하고 학교 밖 청소년의 사회진출을 위한 자립 프로그램(Do Dream Zone Project)을 지원하고 있으며, 교육부는 학업중단을 고민하는 청소년을 위한 교육청 차원의 Wee 센터 등을 운영하고 있다. 여성가족부와 교육부는 학교를 떠나는 청소년의 수를 줄이기 위하여 2012년부터 학업중단숙려제를 시행하고 있는데, 학업중단숙려제는 자퇴 징후를 보이거나 자퇴 원서를 제출한 고교생 또는 그 학부모를 대상으로 교육부의 Wee 클래스(센터)나 여성가족부의 청소년상담복지센터에서 학업복귀를 권고하고 학업중단 이후의 상황과 진로 정보를 안내하는 서비스를 제공한다. 최근에는 학교 밖 청소년의 규모나 이들로 인한 사회적 비용이 추계되면서 좀 더 적극적인 대응이 이루어지고 있다. 장기 결석자가 발생할 때에는 교육청에 보고가 의무화되며, 그 동안 선택적으로 이루어지던 학업중단숙려제 등 학업중단 위기학생에 대한 상담서비스가 의무화된다(교육부, 여성가족부 보도자료, 2013. 11. 28).

이러한 정책적 개입은 학교 밖 청소년들이 학교를 떠나는 것을 방지하고 학교를 떠난 경우에는 복귀하는 것을 강조하며 주로 상담서비스에 의존한다는 특징을 보인다. 그러나 기존의 실증적 연구들이 보고하고 있듯이 청소년들이 학교를 떠나겠다는 결정을 내리기 전에 장기간에 걸쳐 개인의 심리사회적 요인, 가족 요인, 학교 요인이 작용하고 있을 뿐만 아니라 대부분의 경우 심사숙고하여 결정을 내리기 때문에 2주의 학업중단숙려기간 중에 주로 한 차례 진행되는 상담서비스가 큰 영향력을 미칠지는 미지수이다. 자퇴를 고려하는 학생의 약 40%가 학업중단숙려제에 참여하였으며 참여한 학생의 약 20%만이 자퇴의사를 철회하였다는 시행 1년간의 결과(EBS News, 2013. 7. 11)를 볼 때 이후에 학업중단숙려제가 의무화된다 하더라도 실효성이 크지 않으리라는 점을 예견할 수 있다.

2) 학생이 아닌 청소년으로서의 권리 보장

학교 밖 청소년을 위한 개입은 이들이 차별받지 않고 착취되지 않는 데 주력하는 방향을 취해야 한다. 학교 밖 청소년의 권리를 표명하는 어린이·청소년 인권조례안의 제41조는 "시장은 학교를 다니지 않거나 비인가 대안교육기관을 다니는 어린이·청소년이 지역사회에서 차별받지 않도록 노력하여야" 하는 것으로 규정하고 있으나, 조례안의 실효성을 높이기 위한 어떠한 장치도 마련되어 있지 않은 상황이다. 포괄적인 차별금지법이 마련되어 있지 않은 우리나라의 실정을 볼 때, 학교 밖 청소년에 대한 차별금지가 실제적인 효력을 갖는 것은 요원해 보인다. 반면에 학교 밖 청소년에게 광범위하게 일어나고 있는 노동착취는 현행법을 준수하는 것만으로도 이들의 보호권을 지키는 데 작용할 것이다. 18세 미만 청소년 고용 사업장의 법 위반율은 약 91%에 달해 청소년을 고용한 대부분의 사업장은 근로기준법을 어기고 있다고 보아도 무방할 정도이기 때문이다(고용노동부 보도자료, 2012. 02. 09). 학교 밖 청소년의 노동환경은 학생인 청소년들에 비해 열악하다는 점을 보여주는 기존의 연구를 볼 때, 청소년을 고용하는 사업장을 대상으로 실시되는 지도점검의 강화는 학교 밖 청소년의 노동환경 향상에도 기여하리라 본다.

최근에 고용노동부가 설치한 '안심알바신고센터'는 실제 신고건수가 미비하다는 지적이 있음을 차치한다 하더라도, 각급 학교에 설치된 센터를 통해 전담교사가 피해사례를 수집한 후 지방노동지청의 전담 근로감독관에게 전달하는 체계를 갖추고 있어 학교 밖 청소년에게 더 심각하게 일어나고 있는 노동착취를 고려하고 있지 않다는 한계를 보인다. 중앙정부가 학교 밖 청소년의 노동착취 실태에 민감하게 반응하고 있지 않은 현실을 고려할 때, 차선책은 청소년에게 스스로 노동자로서의 권리를 인식하고 보호하기 위한 교육을 실시하는 것이라 할 수 있다. 가령 선진국들은 초등학교 정규 수업 과정에서부터 노동문제에 대해 가르치고 있는데, 독일에서는 초등학교 과정부터 '모의 노사교섭'을 통해 협상에 대한 실전연습을 실시하며 프랑스에서는 고등학교 1학년 과정에서 '단체교섭의 전략과 전술'을 다루고 있다(김소연, 2012. 11. 18). 기존의 학교 밖 청소년을 위한 정책적 개입에는 학교를 떠난 이후의 상황과 진로에 대한 안내 등이 포함되는데, 현실적응에 필요한 정보 외에도 노동인권 교육이 실시되어야 할 것이다.

3) 학교 밖에서 이루어지는 교육의 지원

학교 밖 청소년의 차별과 착취를 줄이는 지향점 외에도, 학교 밖 청소년을 위한 정책적 개입은 이들의 잠재능력을 계발하기 위한 사회적 지원에도 초점을 맞추어야 할 것이다. 어린이·청소년 인권조례안의 제41조는 예산의 범위 내에서 학교 밖 청소년의 학습권 보장을 위한 지원방안을 마련해야 한다고 규정하고 있으며, 중앙정부는 자발적인 학업중단에 대응하기 위한 전략으로 공교육 내 대안교육의 기회를 늘리기 위하여(교육부·여성가족부 보도자료, 2013. 11. 28) 미인가 대안교육시설의 '등록제'를 통해 이들 시설을 법제화하려는 움직임을 보이고 있다. 경제적 자본이 부족한 학교 밖 청소년들에게 학업을 계속하기 위한 대안으로 대안학교나 직업전문학교가 부담이 되고 있음을 보여주는 기존의 연구결과를 고려했을 때, 등록제를 통한 등록금 인하효과는 학교 밖 청소년들의 부담을 줄이는 방향으로 작용할 것이다. 그러나 대안교육의 존립근거인 교육의 자율성이 훼손될 위험성이 있고 입시 위주의 교육제도를 벗어나 대안교육을 선택한 청소년들의 학습권을 위협받을 수 있다는 점에서 적절한 협의점에 도달한 후에 추진되어야 할 것이다.

한편 학력이 인정되지 않는 대안학교를 다니는 경우에 별도로 치러야 하는 검정고시에 부담을 느끼는 청소년들이 많고 학교를 떠난 후 일정기간이 지난 후에는 학교를 떠난 것을 후회하는 단계가 공통적으로 발견된다는 기존의 연구결과를 고려할 때, 복교 후에 학교에서 학업을 지속할 수 있도록 지원하는 '복교지원서비스'를 생각해 볼 필요가 있다. 대부분의 선진국에서는 학교 밖 청소년이 복교할 때 전문가나 상담교사와 상담을 하여 개인적인 어려움을 해결할 수 있도록 지원하는 복교지원시스템을 갖추고 있지만(전경숙, 2005), 우리나라의 복교지원서비스는 전무하며 이로 인해 학교 밖 청소년들은 복교 후에 다시 학교를 떠나게 된다. 기존의 연구들은 학교 밖 청소년들의 복교를 허락하지 않는 학교, 복교 후에 경험하는 편견과 차별, 이전에 학교를 떠나는 결정을 내릴 때 작용하였던 부정적인 요인들이 해결되지 않은 채 지속되는 상황(예: 학업부진)으로 인해 복교 후에도 어려움을 경험할 뿐만 아니라 다시 학교를 떠나는 결정을 내리게 되는 것을 보여준다. 즉 학교를 떠나는 것을 막는 학업중단숙려 상담서비스뿐만 아니라 학교로 돌아오는 것을 지원하는 복교지원서비스가 제공되어야 하며, 최종적으로는 청소년들이 일시적으로 학교를 떠난다고 하더라도 언제든지 학교로 돌아올 수 있는 열린 학교시스템과 문화를 구축할 필요가 있다(이민경, 2010).

제4절 학교 밖 청소년의 권리에 기초한 지원을 바라며

학교 밖 청소년을 위한 정책적 개입의 한계는 정책의 지향점을 정할 때 성인의 입장에서 청소년의 역할을 '학생'에 한정지어 규정한 데 있다고 할 수 있다. 우리나라 아동과 청소년의 주관적 행복지수가 6년째 OECD에서 최하위를 보이고 있고 대부분이 '성적 압박이 심할 때'와 '학습 부담이 너무 클 때' 행복하지 않다고 느낀다고 응답한 결과를 볼 때(염유식, 김경미, 이미란, 박현수, 이진아 2014), 정규 교육과정의 변화가 이루어지지 않는 상황에서 학교를 떠나고 싶은 마음을 되돌리거나 다시 학교로 돌려보내는 일이 청소년의 행복, 나아가 청소년의 기본적인 권리를 추구하는 방향과 일치하는지 생각해 볼 필요가 있다. 청소년은 교육기관과 학습의 내용 및 방법 등을 선택할 때

본인의 의사를 표현하고 존중받을 권리가 있음을 규정하는 서울특별시 어린이·청소년 인권조례안의 세부내용과 청소년들은 '좋아하는 일을 실컷 할 수 있을 때' 가장 행복하다고 응답하였다는 설문결과(염유식 외, 2013)는 학교 밖 청소년을 위한 정책적 개입의 지향점을 설정할 때 청소년의 권리 관점에서 살펴볼 필요가 있음을 보여준다.

참고문헌

고용노동부 (2009). 2009 청소년 아르바이트 실태조사. 서울: 고용노동부.

고용노동부 보도자료 (2012. 02. 09). 연소근로자 고용 사업장의 임금체불, 근로시간 등 주요 근로조건 위반건수 765건으로 전체의 21.7% 차지. http://news.moel.go.kr/newshome/mtnmain.php?sid=1&stext=%B3%EB%B5%BF%B0%FC%B0%E8%B9%FD&mtnkey=articleview&mkey=searchlist&mkey2=25&aid=2355&bpage=3에서 인출.

교육부 (1996). 1996 교육통계연보. 서울: 교육부.

교육부, 여성가족부 보도자료 (2013. 11. 28).「학업중단 예방 및 학교 밖 청소년 지원 방안」수립. http://www.mest.go.kr/web/100026/ko/board/view.do?bbsId=294&pageSize=10&boardSeq=51526&currentPage=0&encodeYn=N&mode=view에서 인출.

구본용, 신현숙, 유제민 (2002). 데이터마이닝을 이용한 중퇴 모형에 관한 연구. 청소년상담연구, 10(2), 35-57.

구자경 (2003). 청소년의 심리사회적 특성이 학교자퇴생각에 미치는 영향. 청소년학연구, 10(3), 309-330.

국회 (2013). 초중고 시도벽 학생 변동상황 2008-2012 (내부자료).

권해수, 서정아, 정찬석 (2007). 대안학교와 소년보호교육기관 청소년의 학교밖 경험 비교: 개념도 방법론을 통하여. 상담학연구, 8(2), 657-674.

금명자 (2008). 우리나라 학업중단청소년에 대한 이해. 한국심리학회지: 사회문제, 14(1), 299-317.

김경준, 최인재 (2009). 청소년 우대제도 및 청소년증에 대한 실태분석에 관한 연구. 미래청소년학회지, 6(2), 1-23.

김민 (2001). 자발적 학업중도탈락 현상 발생 요인에 대한 분석 연구(01-R23). 서울: 한국청소년개발원.

김수혜 (2013. 08. 09). '학교밖 아이들' 사회적 손실 26조 3500억. 조선일보 01면.

김영희, 최보영, 이인회 (2013). 학교밖 청소년의 생활실태 및 욕구분석. 청소년복지연구, 15(4), 1-29.

남미애 (2006). 학교밖 청소년의 욕구와 사회적 지원방안. 대전대학교 사회과학연구소, 24(2), 147-196.

모상형, 김영지 (2010). 국제기준 대비 한국 아동·청소년 인권수준 연구 V: 발달권·참여권. 서울: 한국청소년정책연구원.

박현선 (2004). 학업중퇴 청소년의 적응유연성. 청소년상담연구, 12(2), 69-82.

서정아, 권해수, 정찬석 (2006). 학교밖 청소년의 실태와 정책적 대응방안(연구보고 06-R11). 서울: 한국청소년개발원.

서정아, 권해수 (2010). 취약계층 청소년의 실직적인 자립을 위한 정책방안 연구: 학교중단 청소년의 취업자립을 중심으로(연구보고 10-R23). 서울: 한국청소년정책연구원.

성윤숙 (2005). 학교중도탈락 청소년의 중퇴과정과 적응에 관한 탐색. 한국청소년연구, 16(2), 295-343.

염유식, 김경미, 이미란, 박현수, 이진아 (2013). 2013년도 한국 어린이－청소년 행복지수: 국제비교연구 조사결과보고서. 서울: 재단법인 한국방정환재단.

오혜영, 박현진, 공윤정, 김범구 (2013). 현장상담자들이 인식한 학업중단청소년의 특성과 개입방향. 청소년학연구, 20(12), 153—179.

오혜영, 지승희, 박현진 (2011). 학업중단에서 학업복귀까지의 경험에 관한 연구. 청소년상담연구, 19(2), 125-154.

오혜영, 지승희, 박현진, 이정실 (2011). 학업중단청소년 학업복귀 강화 프로그램 개발. 청소년상담연구, 163, 1-206.

윤철경, 유성렬, 김신영, 임지연 (2013). 학업중단 청소년 패널조사 및 지원방안 연구 1(연구보고 13-R18). 서울: 한국청소년정책연구원.

이민경 (2010). 홈스쿨링 청소년들의 유형과 학습경험 의미 분석. 한국교육학연구, 16(3), 155-179.

이병환 (2002). 학업중단 청소년의 사회적응 방안. 한국교육, 29(1), 175-196.

이숙영, 남상인, 이재규 (1997). 중도탈락학생의 사회적응 상담정책 개발연구. 서울: 청소년대화의 광장.

이현주, 김용남 (2012). 고등학교 학업중단율 변화의 지역별, 학교유형별 현황 및 학교 관련 요인 탐색. 아시아교육연구, 13(1), 149-185.

임승택 (2009). 검정고시 현황에 대한 보고서: 2004년부터 2008년까지의 5년간을 중심으로. 서울: 전국검정고시총동문회.

전경숙 (2006). 10대 학업중단청소년 지원정책에 관한 연구. 안양대학교 석사학위논문.

전경숙 (2005). 외국의 학업중단 청소년을 위한 취업지원 정책. 직업과 인력개발, 8(3), 112-123.

정해숙, 오은진, 최자은 (2011). 학업중단 여성청소년의 실태와 정책과제(2011 연구보고서-12.). 서울: 한국여성정책연구원.

주선영 (2013. 09. 10). "임신했으니 학교 그만둬라"… 85%가 학업 중단. 조선일보. http:// news.chosun.com/site/data/html_dir/2013/09/09/2013090902412.html에서 인출.

주영신 (2007). 비행청소년의 중퇴경험에 대한 현상학적 연구. 청소년학연구, 15(1), 247-270.

최동선, 이상준 (2009). 학교중단 청소년을 위한 진로개발 지원방안(정책연구 2009-22). 서울: 한국직업능력개발원.

한국교육개발원 교육통계연구센터 (2013). 교육통계 FOCUS: 초・중・고등학교 학생수 감소 추이 및 학업중단자 현황. 교육개발, 40(3), http://edzine.kedi.re.kr/autumn/2013/article/statistics_01.jsp에서 인출.

한국교육개발원 (2013). 2012학년도 학생현황 교육통계 (내부자료). 서울: 한국교육개발원.

제9장 아동복지, 그리고 다음 세대

앞서의 각 장들은 아동권리 측면에서 사회적으로 관심이 저조하거나 시급한 개입이 필요하다고 판단되는 주제에 대하여 아동의 복지 상태와 개선방안을 중심으로 살펴보았다. 본 장에서는 향후 각 장에서 제기한 해결책을 실행해 나가는 과정에서 근간이 되어야 할 아동복지 이데올로기와 가치를 제시하고자 하였다. 이 장에서 제시된 논의는 아동권리 시각에 기초한 것이며 아동복지를 바르게 실천하고 또 성취할 수 있는 기반이 될 것이다.

제1절 참여의 주체자 아동

과거세대에 비하여 오늘날의 사회는 아동에게 살아가는 데 필요한 기본적인 기술과 역량 외에도 더 많은 역량을 가질 것을 요구한다. 이것은 인간자본을 계발하려면 학교교육 외에도 지역사회나 국가가 아동에게 자신의 잠재적 역량을 사용하고 시민으로서 적극적으로 지역사회 활동에 참여할 수 있는 기회를 제공할 수 있어야 한다는 것을 의미한다(World Bank, 2007). World Bank(2007)는 아동의 의사결정을 격려하고 지지해주는 것이 아동이 근로자로서 창업가로서 부모로서, 그리고 한 시민으로서 성공적으로 미래를 살아갈 수 있도록 돕는 것이라고 보았다. 더 많은 역량을 요구하는 미래사회에 부응할 수 있는 역량을 갖춘 성인으로 자라도록 하는 데 필요한 핵심요소를 아동참여라고 본 것이다. 아동참여에 대한 World Bank의 관점은 아동복지를 실천하는 과정에서도 적용되어야 한다.

유엔아동권리협약(이하 협약이라 칭함)은 아동을 보호의 대상자이면서 동시에 권리의 주체자라고 이해하여 아동이 참여의 역량을 갖추었음을 분명히 하였다. 협약 제12조항은 "아동은 자신의 의견을 자유롭게 표현할 권리가 있으며, 아동에게 영향을 주는 어떠한 사건이나 절차에서도 아동의 의견이 고려되어야 한다."고 명시함으로써 아동이 의사표현과 참여 역량을 갖추고 있고 세계 각국 정부가 이러한 환경을 조성해 주어야 할 것임을 명백히 하였다.

> "아동은 자신의 의견을 자유롭게 표현할 권리가 있으며, 아동에게 영향을 주는 어떠한 사건이나 절차에서도 아동의 의견이 고려되어야 한다." (아동권리협약 제12조)

협약이 탄생하기까지 역사적으로 대부분의 시기에 아동기 그 자체가 커다란 사회적 의미와 지위를 갖지 못했다. 조셉도네이도는 아동이 언제나 성인의 욕구에 뒤처져 있었으며 대부분의 아동문학 작품 속의 아동들이 종국에는 어른이 말하는 대로 행동할 때 긍정적인 보상을 받게 함으로써 성인이 의도하는 대로 아동이 자라도록 아동을 식민화해 왔다고 비판한다. James와 Prout(1997) 역시 20세기 아동 연구에서 무엇이 '정상'이며 '표준화'인지를 확인하는 발달심리학 연구가 결과적으로 아동을 무능력한 존재로 낙인하였다고 주장하였다. 이들은 피아제 등의 인지발달이론가들이 사고능력 차이의 관점으로 아동기를 설명함으로써 사람들이 아동을 발달상태가 부족하고 결핍된 존재로 인식하게 되었다고 보았다. 발달이론이 아동을 자율성, 합리성 및 책임감의 관점에서 '부족한' 성인능력을 가진 위치에 놓았다는 Rogers(2004)의 지적도 있다. Decastro(2004)는 어른들이 아동의 능력을 무시하는 태도에 대하여 '완전히 성숙한 나이를 보고 싶다'고 일갈하였다(황옥경, 2014).

> 나는 완전히 성숙한 나이를 보고 싶다. 사람들은 나이에 대해 선입견을 갖고 있다. 나는 그 선입견에서 벗어나려고 노력하고 있다.

아동의 참여는 '연령'과 '능력'이라는 현실과 개념의 틀 안에서 제한되었다. 그러나 아동의 참여 역량은 여러 연구에서 확인되고 있다. Lyon(1995)의 연구는 4세에서 7세까지 아동이 법정에서 증언할 수 있는 능력이 있음을 확인하여 아동은 법정에서 진실을 말하거나 옳은 것을 말하는 것에 능숙하지 않다는 선입관을 불식하였다. 아동은 이혼과 같은 가족생애의 위기에서 타당한 판단을 할 수 없고, 이혼과정에서 의사표현을 하기보다는 보호가 필요하다는 주장에 대해서도 Hemrica와 Heyting(2004)이 반론을 제기하는 연구결과를 내놓았다. 이들은 네덜란드와 영국에서 부모 이혼 시 동거가족을 선택하는 과정에서 아동이 의사표현을 할 수 있다는 것을 확인하였다. Davis와 Kirkpatric(2000) 역시 아동은 그들이 배우는 교육과정과 교직원에 대한 평가나, 학교의 운영관리 등에 대해 의사를 표현할 수 없을 것이라는 어른의 생각이 편견이었음을 덴마크, 독일, 네덜란드, 스웨덴 아동을 대상으로 한 연구에서 확인하였다(황옥경, 2014 재인용).

아동복지를 실천하는 과정에서 아동은 복지의 소극적 수혜자에서부터 참여의 적극적 주체가가 되어야 할 것이다. 아동참여가 가능할 때 더 많은 역량을 요구하는 미래사회 인적 자본으로 아동이 성장할 수 있을 것이라는 세계은행의 지적을 아동복지 실천과정에서 잊지 않아야 한다.

제2절 국가 인적자본, 아동

최근 경제적 관점에서 아동을 국가 인적 자본으로 인식하고 이들에 대한 투자를 강화해야 할 필요성이 강조되고 있다. 아동을 국가의 주요 인적자본으로 이해하기 시작한 것은 '발달경제학'에 기인한다. 사람들은 초기 발달을 '수학적으로 계획된 모델(mathematical planning models)'로 설명하였지만 점차 발달의 수단과 궁극적인 원인을 이해하려는 발달적 모델로 이해하기 시작하였다. 발달적 관점은 아동양육의 핵심수단으로 아동기 투자의 중요성을 부각시켰다.

수학적인 공식으로부터 인간발달의 수단과 원인에 대한 관심으로 이동할 수 있었던 것은 발달에 대한 연구로 노벨상을 수상한 경제학자들의 지대한 공헌에 의한 것이다. 첫 번째 노벨 경제학 수상자는 Tinbergen으로 그는 1969년도에 Frisch와 함께 공동으로 노벨상을 수상했다. Tinbergen의 발달에 대한 연구가 미친 영향력은 전 세계적으로 지금까지도 여전하다. 그는 초기 물리학을 연구하던 것에서 수학적인 공식을 개발도상국의 경제상황에 적용하는 연구로 전환하였는데 그중 수학적 공식을 통해 개발도상국의 최적의 투자규모를 산출하는 연구를 하였다. Tinbergen은 개발도상국의 경제발달과정에서 인적자원을 고려하지 않은 것의 오류를 확인하고 수학적 공식을 통해서 경제발달을 접근하는 것에서 벗어나 사람들을 생산과정의 중요한 요소로 보게 된다. 그리고 교육 역시 이러한 경제발달 모델에서 중요한 요소가 된다. 교육에 대한 투자도 건설 등에 대한 투자를 할 때처럼 계획되어야 한다. 사람에 대해 투자한 결과 얻어진 숙련된 노동력을 지역이나 산업의 특성에 따라서 배치할 수 있고, 필요한 경우 다른 국가로부터 필요한 인적자원을 영입할 수 있다.

노벨경제학 수상자(1993)인 Fogel은 다른 각도에서 "인간발달"의 중요성을 강조하였다. 역사적인 관점을 가지고 Fogel은 기술변화가 생리적인 발달에 긍정적인 영향을 미친다는 점을 강조하였다. 그는 지난 2세기 동안 영국경제 성장의 약 절반이 "기술생리(technophysio)"에 의한 것이었다고 결론지었다. Fogel은 경제성장의 많은 부분은 인간 효율성의 향상에 따른 것이라고 본다. Fogel은 영유아기 건강의 중요성을 인식했던 몇 안 되는 경제학자 중 한 명이었다.

1998년도 노벨상 수상자인 Sen은 인적자본에 대한 투자의 중요성을 강조하였다. 인간이 높은 생산성을 갖게 되면 소득수준이 더 높아질 수 있다고 보고 이것이 빈곤을 줄이고 부를 가져다 줄 수 있다고 믿었다. 또한 Sen은 건강, 높은 교육수준, 좋은 영양상태를 인간의 삶의 질을 높이는, 즉 건강한 인간발달을 도모할 수 있는 비재화적인 영역으로 보았다. 삶의 질을 높일 수 있는 이와 같은 비재화적인 것들은 그 자체로 가치가 있다. Sen(1999)은 개인의 자유는 경제학적인 생활의 궁극적인 목표라는 것을 강조한다. 그는 정치적이고 경제적인 자유, 그리고 시민권뿐만 아니라 배고픔, 질병, 무지, 모든 형태의 결핍, 가난으로부터의 자유를 포함하는 자유의 매우 넓은 정의를 사용한다. 다수의 연구들이 인적자본과 경제적 생산성의 증가와의 관련성을 입증한 것이 아동투자의 중요성을 강조하는 것으로 이어졌다.

아동기 투자의 중요성을 강조하게 된 또 하나의 배경은 아동인구의 급격한 감소와 인구의 고령화가 국가 성장잠재력을 저하시킬 수 있다는 우려이다. 1990년대 들어서면서 World Bank는 여러 보고서들을 통하여 인적자본으로서의 아동 양육의 중요성을 시종일관 강조해 왔다. World Bank는 각국의 미래가 인적자본인 아동을 어떻게 양육하는가에 따라 달라질 수 있다는 것을 경제학, 생리학 등의 연구결과를 토대로 지속적으로 제시하였다. 인적자본의 시각으로 아동을 바라보게 되면서 각 선진국은 아동에게 과거세대와는 다른 사회적 지위를 부여하였으며 아동에 대한 국가의 투자를 늘려나가고 있다.

아동의 '개별화'에 대한 중요성이 부각된 것 역시 아동에 대한 '사회적 투자'의 중요성을 인식하는 데 기여하였다. 아동기에 대한 성인의 시각이 비판을 받으면서 아동은 부모에 예속되지 않고 부모와는 별개의 인격체로서 아동에 대한 투자는 아동의 발달적인 기회와 교육을 극대화할 수 있다는 주장이 설득력을 갖게 되었다. 아동의 건강과 복지를 향상시키는 것이 사회적, 경제적인 정책의 주요한 우선순위가 되었다. 아동기 경험의 손상은 국가 인적자본이 손상되는 결과를 초래할 수 있다.

Anthony Giddens는 전통적인 복지국가의 대안으로서 '사회적 투자 국가'라는 용어를 처음 사용하였다. 그에 따르면 복지의 개념이 시장의 변화로 인한 개인적인 곤경을 국가가 보상하는 것에서부터 사회적 부를 창출하기 위하여 개별화된 인적 자본에 투자하는 개념으로 바뀌어야 한다고 주장한다. 사회적 투자는 개인적, 국가적인 경쟁력을 향상하기 위하여 세계적인 경제변화에 자국민이 적응하도록 준비시키는 전략적인 중요성을 내포하고 있다. 최근 OECD나 EU에서도 이 개념을 채택하였다(Gilbert, Parton & Skivenes, 2011).

Jacques van der Gaag는 경제학에서 계획을 수립하는 것보다 사람들에게 투자하는 것이 중요하다고 본다.

제3절 아동복지 성취 경로, 평등

부모의 사회경제적 수준과 아동발달 성취의 차이에 대한 보고가 수없이 많이 있다. 영유아기의 사회적, 그리고 물리적 조건(수질, 안전한 물리적 환경, 충분한 영양공급, 적절한 훈육방식)이 성인기의 신체와 정신 건강 문제를 초래하고, 역량과 문제해결 방식을 발달시키는 데 어려움을 가져올 것이라는 아동기 환경의 영향력에 대한 인식은 아동에 대한 투자를 통해서 성인기 발달의 불평등을 줄일 수 있어야 한다는 주장의 근거가 된다(Acheson, 1998; Heating과 Hertzman, 1999; Mccain과 Mustard, 1999). 영유아초기 경험이 인지능력, 학습, 그리고 성인기의 삶과 행동에 영향을 준다는 수많은 연구결과들(Heating과 Hertzman, 1999; Mccain과 Mustard, 1999; Wickelgren, 1999)은 유아기 발달의 근원적인 중요성에 대한 커다란 공감을 불러일으켰다. 이러한 사실을 뒷받침하는 많은 연구들은 역사연구, 신경과학, 유전학, 출생에 관한 종단연구, 인구학, 횡단연구, 무선표집 등의 역사와 사회과학 분야에서 이루어졌다. Jacques van der Gaag는 '유아발달에서부터 성인발달까지'에서, 영유아 발달과 성인 발달 사이의 관련성을 밝히고 있다. 그는 영유아기로부터의 경험이 성인발달과 연결되는 경로를 교육, 건강, 사회자본, 평등이라고 보았다(World Bank, 2007).

평등은 교육, 건강, 사회자본 분야에서의 공정한 경쟁의 기회의 장을 가리

킬는지 모른다. 그리고 교육, 건강 사회 자본처럼 평등은 그 자체로 선이며 한 나라의 경제성장에 기여한다. 모든 아동들이 자신의 발달적 역량을 표현하고 경험하는 기회가 주어진다면 이러한 기회는 공정한 경쟁의 장을 만들어 가는 밑거름이 될 수 있다. 평등은 모든 아동들에게 출생 후 권리를 보장하는 것에서부터 시작되어야 한다. 더 나은 교육을 받고 건강하면 성인기가 되었을 때 더 많은 소득을 얻을 수 있는 것으로 알려진다. 많은 연구들은 사회가 평등할수록 더 안정적인 성장을 이룰 수 있음을 보여준다(Aghion, Caroli, and Garcia, Penalosa, 1999; Barro, 1997). 평등한 사회는 빈곤과 범죄가 감소하고 사회가 건강하며 높은 수준의 사회정의가 발달하고 지속적으로 경제가 성장할 수 있다.

제4절 아동에 대한 편견과 소외의 극복

우리나라 전체 인구 중 아동은 943만 명에 불과하다. 전체 인구의 20%가 채 안 된다. 가족과 아동은 이전보다 더 많은 기회를 갖게 되고, 삶의 질도 나아졌지만 부모들은 급변하는 세계에 부응하기가 어렵다고 말한다. 부모들은 육아를 지원해 줄 사람을 찾기가 어려워 일과 자녀양육을 양립할 수 없다고 호소한다. 안전의 위협 때문에 자녀들이 바깥에서 혼자 놀도록 놔 둘 수도 없다. 부모들은 건강한 생활을 하는 방식에 대해서 더 많이 알고 있지만 아동은 아동비만을 야기하는 비디오게임을 하는 데나 TV보는 데 시간을 더 많이 빼앗기고 건강하지 않은 패스트푸드에 노출되어 있다. 아동들은 교육을 마치고 취업을 해야 하는 시기가 되면 더 우수한 실력을 갖추고 있어야 한다.

소외계층 아동의 학업성취 수준은 기대 이하로 낮다. 많은 학교와 교사들이 우수한 능력을 소유하고 있지만 학교 간, 그리고 교사 간 질적인 편차가 크다. 이 결과 아동은 자신이 갖고 있는 능력을 충분히 발휘하지 못하고 있다. 너무나 많은 아동이 불리한 조건에서 살고 있고, 해결되지 않거나 너무 늦게 다루어진 문제 때문에 불행한 아동기를 보내고 있다(황옥경, 2009).

인터넷 및 스마트폰 중독과 관련해서는 초등학생의 16.3%, 중고생의 9.3%가 고위험군으로 밝혀졌으며 중고생의 경우 중독 고위험군이 2008년(1.3%)에 비해 7배 이상 증가했다(보건복지부, 2014). 18세 미만 아동을 양육하는 4,007가구를 대상으로 실시한 '2013 한국 아동종합 실태조사' 결과 아동이 느끼는 '삶의 만족도'(60.3점/100점 만점)가 OECD 국가 중 가장 낮은 수준인 것으로 나타났다. 아동의 삶의 만족도를 낮추는 원인으로는 학업스트레스, 학교폭력, 인터넷중독, 방임, 사이버 폭력 순으로 조사되었다. 삶의 결핍지수는 빈곤가구 아동이 85% 이상으로 높았고, 가정 유형별로는 한부모 및 조손가구의 결핍지수가 75.9%에 달했다. 초등학교 고학년의 남아의 경우 늦은 시각까지 미디어에 노출되어 있고, 아동들은 오히려 주중보다 주말에 더 놀이와 여가시간을 갖지 못하고 있으며 놀이터나 공원에서 노는 등의 야외활동을 전혀 안 하거나 1시간 미만인 경우가 조사대상 아동의 절반이나 되었다(황옥경 등, 2014). 부모가 보호하지 못하는 가정 밖의 아동이 0.3% 3만 2천 명의 아동이 있는데 이들 아동이 가정위탁, 아동양육시설, 입양, 그리고 공동생활가정 중 어떤 곳에서 양육받게 되는가에 따라 양육의 지원과 책임이 지방자치단체와 중앙정부로 갈린다(송준헌, 2014). 아동이 가정위탁이나 아동양육시설에서 양육받게 되면 지방자치단체가 책임을 지는 반면에 입양이나 공동생활가정에서 양육받으면 중앙정부가 예산 등의 책임을 진다. 이들 아동에 대해 서비스 유형 간 지역 간 편차가 존재할 가능성을 열어두고 있다. 학대아동에 대한 보호 역시 대부분 지방자치단체가 위탁한 민간기관에 의해 제공된다. 학대아동의 보호를 정부에 의해 위탁받은 민간기관이 실행하는 예를 선진 외국에서는 찾아보기 어렵다. 100만 명 내외의 아동이 상대적으로 빈곤한 현실도 있다.

우리나라의 아동은 여전히 사회적 약자의 위치를 감내하고 있다. 아동이 무능하고 미숙하다는 아동에 대한 편견이 사회적으로 여전히 팽배할 뿐만 아니라 정부 정책 수립의 주요대상자가 되지도 못한다. 아동은 그 어느 때보다도 정책적으로 소외되어 있다. 아동정책의 부재는 정책대상자로서 아동소외가 얼마나 노골적인지 알 수 있게 해 준다.

정부가 협약을 비준한 지 20여 년이 지났다. 협약은 아동에 대한 편견에 도전한다. 아동이 무능하지 않으며 특별한 보호가 필요한 시기라는 협약의 내용을 사회 전반의 가치로 승화하고 정책에 반영할 수 있어야 한다. 아동에 대한 사회적 편견과 소외가 지속된다면 우리나라를 희망적으로 바라보기 어렵다. 아동에 대한 편견과 아동의 정책적 소외를 극복하는 것이 미래 우리나라의 경제적 안정과 발전을 도모하는 것임을 분명하게 인식할 수 있어야 한다.

제5절 두 번째 기회, 아동복지

아동의 안녕과 행복을 추구하는 최근의 아동복지는 아동이 부모에 종속된 삶을 살아가도록 해서는 안 된다는 것을 전제한다. 국가가 특별한 관심을 가지거나 성장과정에서 별다른 위험에 노출되지 않거나 경제적으로 안정된 기반을 제공할 수 있는 부모나 가족을 둔 경우를 제외한 아동들의 삶이 지속적으로 피폐하였다. 성인 주도의 세상에서 살아가는 아동이 사회적 약자의 위치에서 벗어나기 어렵다. 아동은 성인과 동일한 가치를 지닌 인간 그 자체이며 그렇기 때문에 성인들처럼 아동 자신의 조건과 상황을 초월한 보호와 성장환경을 제공받아야 하고 정책수립 과정에서 우선적인 고려대상이 되어야 한다.

아동에게 권리의 주체자라는 새로운 지위를 부여한 국제사회는 아동 개인의 조건과 상황을 초월할 수 있는 성장환경을 제공할 수 있어야 한다는 인식을 발달시켰다. 뿐만 아니라 아동의 안녕과 행복이 정책의 최우선 고려 대상이 되어야 하며 아동이 처한 환경적 조건들이 아동의 안녕과 복지를 해치도록 해서는 안 된다는 일치된 시각을 발달시켰다.

World Bank(2000)는 아동이 의사결정하는 데 실수를 범했거나 빈곤환경 등의 위기환경에서 자라는 아동에게 이미 놓쳐버린 기회를 만회할 수 있는 두 번째 기회를 주는 것은 아동들이 사회적으로 낙오되지 않도록 돕는 길임을 분명히 하였다. 협약은 부모에게 종속된 아동의 삶이 전적으로 극복되어야 할 것을 천명하였다. 협약에서 아동복지는 이미 수혜가 아니고 아동이 부여받아야 합당한 권리가 된다. 이러한 시각은 세계 각국이 시민으로서의 아동을 받아들이도록 하였다. 아동복지는 이러한 시각에서 출발하여야 하고 가족과 부모 등의 양육환경이 열악하고 또한 잘못된 의사결정으로 인하여 첫 번째 기회를 놓쳐버린 아동들에게 아동복지라는 두 번째 기회를 제공해 주어 이들이 역량을 발휘하도록 해야 한다.

최근 문화, 가치, 그리고 경제상태와의 관련성에 대한 관심이 증가하고 있다. '가치'는 각 국가 성장의 차이를 설명하는 중요한 개념이다(Fukuyama, 1995). 아동복지정책과 서비스가 사람들의 가치 형성에 영향을 미쳐서 이것이 자연스럽게 성인들의 행동으로 이어진다면 '가치'라는 사회자본에 의한 아동발달과 성인발달 간의 관련성은 예측된 것보다도 훨씬 더 막대할 것이다.

아동은 미래의 역군이면서 현재를 살아가는 시민이다. 아동은 투자의 대상만이 아니라 사회적, 정치적 및 법적인 권한을 가지고 있는 사회구성원이다. 아동이 두 번째 기회인 아동복지를 통하여 생산적이고 사회적 질서를 존중하는 성인으로 성장할 수 있도록 해야 한다. 특별히 부모에게 종속된 결핍환경의 부정적 영향으로부터 벗어날 수 있도록 모든 아동에 대한 정책과 서비스가 국가의 핵심사안이 될 수 있어야 한다. 그렇게 할 수 있을 때만이 안정된 국가의 미래가 있다.

참고문헌

보건복지부 (2014). 아동실태조사, 보건복지부.

황옥경 (2014). 아동생활지도, 창지사.

황옥경, 한유미, 김정화, 박진우, 손주환, 임수현 (2014). 아동의 놀권리 증진 방안, 유니세프 한국위원회.

World Bank (2000). From Early child development to Human Development, The World Bank.

World Bank (2007). Development and the Nexy Generation. The World Bank.

James, A., & Prout, A. (1997). *Constructing and Reconstructing Childhood: Contemporary Issues in the Sociological Study of Childhood.* Basingstock: Falmer Press.

Rogers (2004)

De Castro, L. (2004). *Otherness in me, Otherness in others: children's and Youth's Construction of self and other:* childhood 11, 4, 469-93.

Lyon (1995)

Davis와 Kirkpatric (2000)

Gilbert, Parton & Skivenes (2011)

Acheson, D. (1998). *Independent Inquiry into Inequalities in Health: Report.* London: The Stationery Office.

Hertzman, C. (1999). Population Health and Human Development. In D.P. Keating and C. Hertzman, eds., *Developmental Health and the Wealth of Nations: Social, Biological, and Educational Dynamics.* New York: The Guilford Press

McCain, M. N., and J. F. Mustard. (1999). *Reversing the Real Brain Drain: Early Years Study, Final Report.* Toronto: Publications Ontario.

Heating과 Hertzman (1999)

Wickelgren (1999)

Jacques van der Gaag (1998). THE BENEFITS OF EARLY CHILD DEVELOPMENT

PROGRAMS. An Economic Analysis -

Aghion, P., E. Caroli, and C. Garcia-Pefialosa. (1999). "Inequality and Economic Growth: The Perspective of the New Growth Theories." *Joumal of Economic Literature* 37 (December): 1615-60.

Barro, R. J. (1997). *Determinants of Economic Growth: A Cross-Country Empirical Study*. Cambridge, Mass.: MIT Press.

Fukuyama, E. (1995). *Trust: The Social Virtues and the Creation of Prosperity*. New York: Free Press.

찾아보기

〈ㅁ〉

〈ㅂ〉

〈ㅅ〉

〈ㅈ〉

저자약력

이재연

현직 숙명여자대학교 아동복지학부 교수
학력 Oregon State University 인간발달 전공 박사
경력 (현) 유네스코 한국위원회 감사
(전) 한국청소년정책연구원 원장

황옥경

현직 서울신학대학교 보육학과 교수
학력 숙명여자대학교 아동복지학 박사
경력 (현) 한국아동권리학회 회장
(현) 보건복지부 자체평가위원

안동현

현직 한양대학교 정신건강의학과 교수
학력 서울대학교 의학 박사(정신과학 전공)
경력 (현) 한국아동권리학회 고문
(전) 한국아동권리학회 회장

김영지

현직 한국청소년정책연구원 선임연구위원
학력 숙명여자대학교 교육학과 박사
경력 (현) 국가인권위원회 아동인권전문위원
(전) 국가인권위원회 인권교육전문위원

김효진

현직 숙명여자대학교 아동복지학부 강사
학력 숙명여자대학교 아동복지학 박사
경력 (전) 한국보건사회연구원 전문연구원
(전) 국무총리실 전문위원

이호균

현직 아동행복포럼 고문
학력 연세대학교 행정대학원 사회복지 석사
경력 (전) 한국아동권리모니터링센터장
(전) 중앙아동보호전문기관장

강현아

현직 숙명여자대학교 아동복지학부 교수
학력 미국 University of Illinois at Urbana-Champaign, 사회복지학 박사
경력 (현) 한국아동권리학회 교육이사
(전) 미국 Children and Family Research Center research fellow 역임

장영인

현직 한라대학교 사회복지학과 교수
학력 중앙대학교 대학원 사회복지학 박사학위
경력 (현) 원주시 아동보호전문기관 사례판정위원
(현) 강원도 가정위탁지원센터 위탁심의위원

정선영

현직 인천대학교 사회복지학과 교수
학력 University of California, Berkeley 사회복지학 박사
경력 (현) 보건복지부 아동정책실무위원회 위원
(현) 인천광역시 사회복지위원회 위원

아동복지 현장에서의 아동권리 레토릭

2015년 11월 25일 1판 1쇄 인쇄
2015년 11월 30일 1판 1쇄 발행

저 자: 이재연 황옥경
안동현 김영지
김효진 이호균
강현아 장영인
정선영

저자와의
협의하에
인지생략

발행자: 김 동 규
발행처: 교육과학사

경기도 파주시 광인사길 71(문발동)
전화(031)955-6956~8/팩스(031)955-6037
Home-page: www.kyoyookbook.co.kr
E-mail: kyoyook@chol.com
등록: 1970년 5월 18일 제2-73호

낙장 · 파본은 교환해 드립니다.
Printed in Korea.

정가 12,000 원
ISBN 978-89-254-0989-4